M. Maliński

Brot für jeden Tag

M. Maliński

Brot für jeden Tag

Herder
Freiburg · Basel · Wien

Übertragung aus dem Polnischen:
Wolfgang Grycz

4. Auflage

Umschlagzeichnung: Krzysztof Malczewski

Imprimatur. – Freiburg im Breisgau, den 17. August 1976
Der Generalvikar: Dr. Schlund
Herstellung: Freiburger Graphische Betriebe 1978
ISBN 3-451-17694-7

Inhalt

Dezember
Die ihren Herrn erwarten 7

Januar
Als sie den Stern erblickten 27

Februar
Gespür für Gottes Gegenwart 45

März
Auf dem Kreuzweg Jesus begegnen 61

April
Warum seid ihr so traurig? 79

Mai
Die Mutter meines Herrn 97

Juni
Glaube ist Leben im Licht 121

Juli
Er ging in die Einsamkeit, um zu beten . . 141

August
Das Maß der Liebe 159

September
Die Hoffnung verwandelt alles 177

Oktober
Einer trage des anderen Last 197

November
Ihr werdet Ruhe finden 217

Dezember

Die ihren Herrn erwarten

DEINE ZEIT. Zeit des Advents. Die Erde, von leichtem Frost berührt, zeigt Spuren von Reif. Nebel. Reglos die Luft, nicht der leiseste Windhauch. Nackt stehn die Bäume, die Zweige wie Drähte. Ein grauer Himmel hängt tief überm Land. Durchdringend feucht ist die Kälte. Wie im Schlaf bewegen sich die Menschen. *1*

Du schaust auf all das wie aus der Ferne. Bist nicht anwesend, denn in dir ist Leere. Nicht einmal Trauer, ganz einfach Starre. Nicht einmal Gleichgültigkeit, nur Unempfindlichkeit. Mechanisch tust du das Deine, arbeitest, erledigst irgendwelche Dinge, unterhältst dich – und staunst noch, daß du die Kraft dazu hast. Du fühlst nicht Glauben noch Hoffnung, noch Liebe. Du spürst nicht die Menschen, spürst nicht Gott.

Dies ist deine Zeit des Advents. Mitunter fällt sie in die gleiche Zeit des Kirchenjahres – aber nicht immer.

2 UND ER BEGANN, IHN ZU VERSUCHEN. Es kommt über dich, wenn du es am wenigsten erwartest – im größten Lärm des Vergnügens oder beim abendlichen Heimweg, bei einem Gespräch mit jemand, der dir nahesteht, oder wenn du die Tür des Zimmers hinter dir schließt: Plötzlich fängst du an, deine Einsamkeit zu begreifen.
Wie eine Hand, die hilflos die Sprossen einer Leiter halten will...
Wie ein Ertrinkender, der weiß, er wird mit den Füßen den Grund nicht erreichen...
Wenn du doch dann die Kraft zu glauben hättest: Ich bin nicht allein!

3 ICH HABE DIE DRACHME GEFUNDEN. Immerfort muß dich die Frage nach dem Sinn des Lebens bewegen: Was will ich, was erwarte ich, was will ich erreichen? Habe ich Werte entdeckt, auf die ich nie verzichten möchte, für die ich alles hinzugeben bereit bin?
Wundere dich nicht, daß du nie so ruhig bist wie jener, der das gefunden hat. Denn diese Fragen kann man nur mit seinem ganzen Leben beantworten.

4 WEHE EUCH, DIE IHR REICH SEID, DENN IHR HABT EUERN TROST WEG. Je besser wir mit Wohnraum versorgt sind, je mehr wir zu essen und anzuziehen

haben, um so deutlicher ersteht vor uns die Frage: wozu leben? Aber wir weichen dieser Frage aus. Wir tun so, als seien wir von unseren Sorgen völlig in Anspruch genommen, ganz mit allem möglichen Kummer beschäftigt. Wir schieben diese Frage für später auf, für einen Tag, an dem wir einen klaren, ruhigen Kopf haben werden.
Und es kann geschehen, daß du damit Erfolg hast: Die Frage hört auf, dich zu bewegen und zu quälen. Es bleiben nur die Fragen: wie noch besser wohnen, wie sich noch besser kleiden, wie noch besser essen.

DAS HIMMELREICH IST GLEICH EINEM IM ACKER VERBORGENEN SCHATZ. Wo ist denn die Welt voll Sonne, Lachen, Freundschaft, Sorglosigkeit, Gesundheit? In London sagen sie, das sei in New York; in New York, das sei so in Kalifornien; in Kalifornien, es sei so in Paris und in Rom; in Rom wiederum und in Paris behaupten sie, dies sei so in London. Aber irgendwo ist eine Welt voller Glück. 5

ER GING HIN UND ERHÄNGTE SICH. Wie leben? Nach dem Prinzip von Zählen und Rechnen? Denen im Überfluß geben, bei denen es sich auszahlen könnte; mit denen brechen, die uns zu nichts mehr nütze sind; aus jedem herausschinden, was möglich ist; nie etwas ausplaudern, damit nicht jemand Gebrauch da- 6

von macht, um uns auszustechen; jene loben, die in weiter Ferne sind; kein gutes Wort sagen über die, welche einmal unsere Rivalen werden können; sie hinter ihrem Rücken fertigmachen, bevor sie zu Gegnern heranwachsen.
So leben?

7 DA BRACHTE MAN IHM EINEN BESESSENEN. Womit verbindet sich alles bei dir? Mit Sex, Geld, Karriere, Ruhm? Wovon bist du besessen, daß du ein Mittel zum Zweck gemacht hast, daß du in einer Nebensache das Wesen, den Sinn des Lebens erblickst?
Und bist du dir dessen bewußt?

8 ICH WILL KOMMEN. Durch das Fenster hinausschauen, nervös auf die Uhr blicken, mit unruhigen Schritten im Zimmer hin und her gehen. Oder Sehnsucht haben: warten auf jemand, auf etwas.
Es gibt verschiedene Formen des Wartens – dieses offensichtliche, ungeduldige Warten und jenes, das man verbirgt, das aber nicht weniger schwerfällt.
Das menschliche Leben besteht aus Stationen des Wartens.
Unter den verschiedenen Formen des Wartens gibt es eine, die am wichtigsten und allen gemeinsam ist – das Warten auf Gott.

IHR WERDET RUHE FINDEN. Wir sind wie Motten, die abends gegen die Glühlampen stoßen. Und der leidende Jesus, wie ihn die naiven Künstler darstellen, schaut mit fragenden Augen auf die Unrast der Menschen. 9
Wann werden wir zur Ruhe kommen?
Ein zerquetschtes Auto, am Rande der Chaussee liegt ein menschlicher Körper. Unter der Zeitung ist ein Gesicht zu sehen. Was für ein tiefer Friede darauf liegt. Erst jetzt?

DAS LICHT KAM IN DIE WELT. Wir leben in Halbtönen, Halbschatten, in Grau und Grau. Gute Taten überlagern Absichten von zweifelhaftem Wert, mit klaren Intentionen verbinden sich heimliche Nebenabsichten, Vorsicht verwischt sich zu Feigheit, Aufopferung zu Berechnung, Klugheit zu Gerissenheit, Wahrhaftigkeit zu übler Nachrede, Erholung zu Faulheit, Sparsamkeit zu Geiz, Ehrlichkeit zu Brutalität, Gerechtigkeit zu Grausamkeit. Und unmerklich schiebt sich die Grenze des Schattens immer tiefer vor, immer grauer werden die Farben, immer mehr verlieren wir das Gefühl für das Böse; erst wenn es geschieht, machen wir uns bewußt, daß das etwas Böses ist, es schon seit langem war. 10
Bis in unserer Nähe eine große, gute Tat geschieht – etwas wie Liebe und Licht, in dem wir alle Farben in ihrer ganzen Kraft schauen und Scham empfinden über das eigene Grau.

11 ER ZOG SICH IN DIE EINSAMKEIT ZURÜCK. Jeder von uns ist wie ein Kind, das durch die Stadt geht. Viele Straßen, eine Unzahl von Schaufenstern. Im einen sind Radios und Fernseher, im anderen Kasperlepuppen, im dritten Süßigkeiten. Am Bordstein steht das neueste Modell eines Autos. Am Zaun klebt ein buntes Plakat. Mit großen Lettern sind sportliche Kämpfe angekündigt. Aber weißt du, weshalb du in die Stadt gegangen bist und wohin du willst? Natürlich sind Sport und Autos schöne Dinge, aber hast du nicht das Ziel aus den Augen verloren?

Jeder von uns ist wie ein Wanderer. In der Ferne ein schneebedeckter Gipfel, irgendwo murmelt ein Bach, am Abhang mitten im Wald eine Lichtung. Aber hast du nicht den Weg verloren? Warum sollte dich nicht auch ein Bach interessieren, aber gehst du wirklich den richtigen Weg?

12 DER NEHME SEIN KREUZ AUF SICH. Irgendwo im Dunkel des Ungewissen glimmt noch immer in dir die Hoffnung, daß deine Kunst, zu leben und dich zu schonen, schwere Krankheiten und ein gebrechliches Alter von dir fernhalten wird.

Irgendwo im Dunkel des Ungewissen glimmt in dir noch immer die Hoffnung, daß deine Lebensklugheit dich vor Unrecht bewahrt, das Menschen dir zufügen können.

Und obwohl du durch eine wasserlose Wüste gehst,

obwohl dir nichts erspart und nichts geschenkt wird – irgendwo im Dunkel des Ungewissen glimmt in dir eine Hoffnung.

UM EWIGES LEBEN ZU ERLANGEN. Und wenn du dir alles zurechtgelegt, angehäuft, aufgebaut, wenn du dich hinaufgearbeitet hast und es dir bequem machen willst, dann wird Er dir das alles wegpusten. Er wird dir deine mit Titeln prangende Krone vom Kopf reißen und die Reichtümer in Asche verwandeln. Aber du wirst hartnäckig die zerschlagenen Scherben wieder zusammenfügen, die Papierkronen aneinanderkleben, wirst dich wieder aufs hohe Roß schwingen wollen – und wenn du dir erneut dein Königreich gebaut hast und darin zu herrschen beginnst, wird er es dir zum zweitenmal zunichte machen. Und so wird er dir immerzu Süße in Wermut und Reichtum in Asche verwandeln, er wird deine Pläne in nichts zerrinnen lassen. – Damit du begreifst. 13

UND MEINE HAND IN SEINE SEITE LEGE. In tadellos weißem Hemd, mit gepflegten Fingerspitzen. Applaudierend – mit einer Hand. Als Besucher von Empfängen, Ausstellungen, Kirchen, Theatern, als Betrachter menschlicher Seelen, ihrer Leiden und Freuden. Unberührt, unbewegt. Nachsichtig auf jene schauend, die sich wie Motten im Feuer die Flügel 14

versengt haben. Voller Genugtuung, daß so etwas dir nicht geschehen ist – daß du dich nicht hast hereinlegen lassen. Mit konventionellem Lächeln, an das weder du selbst noch jemand anderes glaubt. Mit scheinbarem Ernst sprichst du über Wetter und Urlaub. Aber du bist gar nicht da: Du bist abwesend. Auch sie wissen, daß du nicht gegenwärtig bist. Es ist nur eine Wand da: deine Verachtung. Du aber steckst in einem Elfenbeinturm, nur darauf bedacht, die Stürme zu überdauern, die sich über deinen Himmel wälzen.
In Wirklichkeit bist du ein Kind, dem man Leid zugefügt hat, das sich beleidigt fühlt von den Menschen und der Welt, ein Kind, das mit seinem Unrecht nicht fertig wird – und das nicht verzeihen kann.

15 DIE SÖHNE DIESER WELT. Wozu bist du noch fähig? Dann, wenn alles vorüber ist, zu kommen, einem die Hand zu drücken und zu sagen: Hör zu, mein Lieber, du warst großartig?
Wir Zuschauer, Touristen des Lebens, die wir ständig Plätze nicht in der Arena, sondern im Zuschauerraum einnehmen. Wobei hauptsächlich die Losung gilt: sich nicht in Auseinandersetzungen hineinziehen lassen, seine Gedanken und Absichten nicht verraten, nicht einmal mit einem Lächeln, nicht einmal mit einem Zucken der Augenbrauen, niemals mit einem Wort. Und schauen, wie sie aufeinander losgehen. Dann, wenn alles zu Ende ist, wenn sie

deine Probleme mit ihren Händen gelöst haben, wenn sie beginnen, die Leichen der Helden hinauszutragen, dann wirst du ihnen im Vorbeigehen die Hand drücken, ihnen einen Lorbeerkranz um den Hals hängen und endlich wissen, wie du dich im Leben verhalten sollst.
Du wirst sagen, das Bild sei zu streng und man werde uns nicht suchen müssen, wenn es um große Dinge gehe. Dann würden wir nicht enttäuschen. Aber uns in Dummheiten einzumischen, dazu sei es schade um Zeit und Energie. Und erst recht nicht lohne es, dafür die eigene Karriere aufs Spiel zu setzen. Aber gib zu: Es fügt sich seltsam, daß auf deinem Weg diese großen Dinge nie geschehen.

Gib Rechenschaft von deiner Verwaltung. 16

Man spielt anders, wenn man in seinem vielleicht recht mäßigen Spiel eine große Karte erblickt. Es geht nur darum, daß man es versteht, sie auszuspielen. Damit man sie nicht durch Ungeschicklichkeit, Angst, Leichtsinn am Ende des Spiels abgeben muß, ohne sie genutzt zu haben.
Hast du schon die Karte deines Lebens ausgespielt? Wenn ja und wenn es dir gut gelungen ist, dann wirst du zugeben, daß dir das Leben jetzt leichter fällt. Denn die Erinnerung an diesen großen Augenblick wirft seinen Glanz auf das ganze weitere Leben. Sie verleiht Mut, Großzügigkeit, gibt ein Gefühl der Würde.

Aber vielleicht stehst du noch vor diesem Ereignis? Gib acht, sonst stellst du am Ende deines Lebens fest, daß du die große Karte noch immer krampfhaft in den Händen hältst. Bis zu dem Augenblick, wo man sie dir abnimmt und wegwirft.

17 UND RECHNETE MIT IHNEN AB. Wenn du wüßtest, wieviel du bekommen hast und wieviel dir noch zusteht; wofür du verantwortlich bist und was dich nicht mehr berührt. Wenn du es wüßtest. Aber du weißt es nicht. Du weißt nicht, wo die Grenze der Ermüdung endet und die Trägheit beginnt; wieviel Erholung du brauchst und wo die Zeitverschwendung einsetzt. Wieviel Arbeit du auf dich nehmen und wieviel du auf deine Mitarbeiter übertragen sollst. Wieweit die Gewissensbisse gehen und wo die kranke Phantasie beginnt. Immerfort bist du hin und hergerissen, bleibst in Unsicherheit. Und niemand kann dich von diesen Zweifeln befreien bis zum Ende.

18 AUF DEM WEGE. Du kannst es nicht erwarten, daß endlich die letzten Gerüste fallen, daß die letzten Baugruben, Ziegelberge, Sandhaufen, Stahlkonstruktionen verschwinden – daß endlich deine Welt geordnet ist. Du kannst es nicht erwarten, endlich in dein ersehntes Stockwerk einzuziehen, wo du in Ruhe deines Amtes waltest.

Aber so eine Welt gibt es nicht. Tatsächlich mußt du, wenn du den nächsten Ziegel deiner Sicherheit aufschichtest, schon im voraus einplanen, wie du ihn wieder abbaust.
Und du wirst sterben inmitten von Halden ungeordneter Dinge, in Bergen unvollendeter Arbeit, während du dabei bist, ständig dein Leben neu zu bauen.

SOLANGE IHR DAS LICHT HABT. Höre, wie der Sand durch deine Lebensuhr rinnt. Wie viele Jahre noch. Wie viele Monate. Wie viele Stunden sind dir geblieben. Hast du ein Gefühl für die Zeit. 19
Wie lebst du? Wieviel von dieser Zeit opferst du für wichtige Dinge, denen du dich ergeben, für die du dich engagiert hast? Gibt es so etwas in deinem Leben? Vielleicht aber versickert dein Leben in nichts: in irgendwelchem Geschwätz. Im Essen. Im Hinundhergehen. In irgendeiner Arbeit. In irgendeiner Erholung und Rast. Später kommen die Jahre – sie sind schon nahe –, da wirst du damit beschäftigt sein, deinen zerfallenden Organismus zu flicken. Du wirst dich konzentrieren auf Arzneien, Methoden der ärztlichen Kunst – darauf, wie du dein Leben, oder besser: dein Vegetieren, verlängern kannst, die Zahl deiner öden Tage.
Höre, wie der Sand durch deine Lebensuhr rinnt.

20 WER EUCH AUFNIMMT, NIMMT MICH AUF. Wir haben die Türen unserer Wohnungen verschlossen und die Vorhänge zugezogen. Haben gebrochen mit den Menschen und schmoren im eigenen Saft. Im besten Falle stecken wir endlos in der Schar derselben Menschen, wo seit Jahren schon bekannt ist, was wer weiß und was wer sagen wird. Wir fühlen uns bequem in diesem ausgebeulten Sessel, wir haben ein Gefühl des eigenen Wertes.
Und du willst nicht zugeben, daß du Angst hast vor wertvollen Menschen, denn in ihrer Gegenwart werden deine Mängel offenbar – vor ihnen fühlst du, wie unzulänglich du bist in jeder Hinsicht. Du meidest sie, denn der Kontakt mit ihnen zwingt dich zu Konzentration, zu Aufmerksamkeit, Anstrengung, fordert von dir Arbeit, Veränderung, Erneuerung.
Du verdummst. Denn du hast gebrochen mit den Menschen – mit Gott, der in ihrer Gestalt zu dir kommen will.

21 WER EINEN VON DIESEN KLEINEN ZUM BÖSEN VERLEITET. Was willst du der Welt geben, welche Form ihr aufprägen? Wie willst du dein Kind, deinen Freund erziehen? Zu einem Menschen. Zu einem aktiven, zu einem geschickten Menschen, zu einem, der sich zu helfen, der zu arbeiten, sich zu benehmen weiß? Aber was bedeuten diese Worte bei dir? Welche Lebensphilosophie steckt dahinter? Die Philosophie eines Menschen, der sich nichts gefallen läßt,

aber ungerührt denen ein Ärgernis gibt, die ihm im Wege stehen – oder aber die eines Menschen, der Gutes tun will?
Du gibst der Welt, was du selber bist. Du kannst dich nicht verstecken hinter dem Vorhang deiner Worte. Du erziehst dieses Kind, den Freund, die Menschen, mit denen du verkehrst, nach dem Maß deiner Persönlichkeit.

WENN DU MIR HULDIGST. Wenn man sich so er- 22
kundigen könnte nach der Adresse eines Teufels, dem sich die Menschen verschreiben! Aber die Adresse ist nicht erhältlich. Und zwar nicht deshalb, weil sich zu viele melden würden, sondern weil er keine feste Anschrift hat. Er ist überall. Und zweitens: Sollte er jedem das gleiche versprechen, nämlich daß ein jeder alle Reichtümer dieser Welt bekommt? – Man würde es nicht glauben.
Aber der Teufel gibt doch etwas. Er gibt ein Auto – ein noch besseres Auto. Eine Stellung – eine noch bessere Stellung, eine Gehaltserhöhung – eine noch größere Gehaltserhöhung, eine weite Reise – eine noch weitere Reise, einen Namen – einen noch besseren Namen. Er gibt das um den Preis des Besessenseins: Wenn du dir sagst, du willst das um jeden Preis erlangen, so erlangst du es. Aber du mußt bedenken: Wie das Krebsgewebe den ganzen Organismus zersetzt, so wird dieses Besessensein deine Persönlichkeit zerfressen, alle wesentlichen Züge deiner Ent-

wicklung blockieren, deine Berufung, deine schöpferischen Fähigkeiten zerstören. Du wirst nur immerfort an dieses eine denken, dich darauf konzentrieren, alle deine Schritte darauf ausrichten, mit diesem einen deine Gefühle verbinden. Und du wirst nichts anders mehr sehen, auf nichts anderes mehr reagieren. Du wirst nur noch ein Herd von Fäulnis sein, der sich in seiner Beute festgesetzt hat. Du wirst haben, was du haben wolltest.
Am tragischsten ist es, daß du im Laufe der Zeit jede Selbstkritik verlierst und nicht mehr weißt, in welcher Etappe der Teufelsverschreibung du bist. Wieviel noch von dir übrig ist und was der Krebs des Besessenseins schon weggefressen hat.

23 DIE IHREN HERRN ERWARTEN. Die Fenster sind geputzt, die Möbel abgestaubt, die letzte Wäsche ist gewaschen. Du hast dir einen neuen Wintermantel zugelegt, neue Schuhe für die kalte Jahreszeit. Der Festtagsbraten steht bereit. Alles ist fertig.
Jetzt mußt du nur noch einmal den Fußboden wachsen, zum Friseur gehen. Das wäre wohl alles.
Wenn jemand von ferne auf unseren Erdball schaute, er wäre überrascht von dieser fieberhaften Vorbereitung, diesem von Tag zu Tag lawinenartig wachsenden Verkehr in den Läden, von diesem Waschen, Backen, Putzen.
Worauf bereiten sich die Menschen so vor?
Wer soll zu ihnen kommen?

SIE KEHRTEN ZURÜCK UND PRIESEN GOTT. Räum auf, bohnere, wische Staub, koche, backe, sing Weihnachtslieder, kauf einen Christbaum, klebe Papiergirlanden, vergolde Nüsse, bereite Kugeln vor. Säg aus Sperrholz eine Krippe, Bäumchen, einen Stern und Schäfchen, Hirten und Könige, Maria, Josef und das Kind. Sing Weihnachtslieder. Schmück den Baum, häng die Girlanden daran und Engelshaar, steck Kerzen darauf. Sing Weihnachtslieder. Schreib Briefe und Karten an Menschen, denen du ein Zeichen der Erinnerung schuldest. Leg die Geschenke unter den Baum, kleide dich festlich, setz dich an den Tisch zusammen mit deinen Lieben. Und sing Weihnachtslieder vor der Krippe, am Christbaum, in der Kirche. Damit dein dunkles Innere endlich erhellt wird vom Licht. Damit deine tauben Ohren endlich die Stimme hören. Damit in deinem Herzen Jesus geboren wird. 24

ICH BLEIBE BEI EUCH. Deine Feiertage. Das ist so wie damals, als du ein Kind warst. In deinem Festtagsanzug, der dich ein wenig drückte, weil er noch zu neu war, tratest du an die Zimmertür, drücktest die Klinke nieder und öffnetest langsam und innerlich bewegt die Tür. Durch den Spalt erblicktest du den Tisch mit dem Christbaum darauf, mit den Kerzen, dem flimmernden Lametta und den glitzernden Kugeln. Aus Furcht, du könntest dieses Geheimnis verscheuchen, tratest du auf Zehenspitzen in das festtäglich geputzte Zimmer. 25

Seit jenen Jahren hat sich nur soviel geändert, daß du groß und grob geworden, daß du abgestumpft bist. Alles andere ist genauso geblieben. Die gleichen Zeremonien, Gebräuche, Gesten, Bilder, Worte, Lieder – Abglanz einer Wirklichkeit, die sich hinter ihnen verbirgt.

Geh in deine Feiertage wie damals, als du ein Kind warst – voll Achtung, auf Zehenspitzen, damit sich dir das Geheimnis enthüllt, das seine Symbole verbergen.

26 Es kam für sie die Zeit der Niederkunft, und sie gebar ihren Sohn. Es genügt nicht, alles Gute, viel Glück zu wünschen, daß den Eltern die Kinder gut gedeihen mögen und daß die Kinder reiche Eltern hätten. Es genügen nicht der Weihnachtstisch mit der Krippe, nicht der Christbaum und die Weihnachtslieder.

Unablässig quält uns die Überzeugung, dies sei nicht das Richtige, dies alles symbolisiere nur eine Wirklichkeit, die so real ist wie die Krippe, aber andererseits unfaßbar wie die Erinnerung. Es bleibt die Unruhe, diese Wirklichkeit könnte an uns vorbeigehen, wir könnten irgendwie ärmer werden, wenn wir ihr nicht begegnet sind.

Es sei denn, wir reden uns und anderen ein, daß es keinerlei Geheimnisse gibt und daß die einzige Wirklichkeit in eben diesen bunten Kugeln am Christbaum besteht, in Festschmuck und Festkleidern und Festessen.

Sie kamen eilends hin. Wir sind es, die so nach dem Stern Ausschau halten. Die schleunigst zur Grotte in Betlehem eilen. – Um mit eigenen Augen zu sehen, mit eigenen Ohren zu hören, mit eigenen Händen zu fühlen. Um uns zu überzeugen, daß dieses schweigende, angsteinflößende Himmelsgewölbe, daß dieses unser leidvolles menschliches Schicksal, daß dies alles einen Sinn hat. Um uns zu vergewissern, daß das, woran wir so sehr glauben wollen, wofür wir zu leben versuchen, kein Trug ist. 27
Mit eigenen Augen sehen, mit eigenen Ohren hören, mit eigenen Händen fühlen – dieses Zeichen unserer Hoffnung.

Wir verkünden euch eine grosse Freude. Je mehr uns die Jahre entschwinden, desto mehr brauchen wir die Erzählung vom Menschensohn, der im Stall geboren und in eine Krippe gelegt wurde, weil für ihn kein Platz in der Herberge war. 28
Je mehr uns die Jahre entfliehen, desto mehr verschwinden aus unserem Blickfeld die Engel, die Sterne, die Helligkeit und die Kerzen am Christbaum – und es bleibt nur er zurück, der im Stall geboren wurde und der im Leben scheiterte: den in der Stunde der Bewährung die Freunde verließen und der selber am Kreuz endete.
Je mehr uns die Jahre dahinfließen, desto mehr brauchen wir diese Erzählung, um eine Bestätigung zu hören für unsere Mühen, die so oft erfolglos bleiben; um wieder den Sinn unseres Lebens zu finden.

29 UND SAHEN EIN LICHT. In den Tagen, die immer kürzer, in deinen Tagen, in den Jahren, die immer kürzer, immer kälter werden – gibt es ein Licht für dich. In deiner Niedergeschlagenheit, in deinem Widerwillen gegen die Menschen, die so erbarmungslos, selbstsüchtig, gleichgültig sind, in all der Lustlosigkeit, die von Tag zu Tag in dir größer wird – ist er dein Licht. Er ist das Zeugnis, daß ein Mensch groß, selbstlos, gut, freundlich, liebevoll sein kann.

In deiner Resignation vor dir selbst, die mit den Jahren anwächst; in der Überzeugung, daß du nur noch zur Selbstsucht fähig bist, ist er deine Hoffnung, daß du dich zu Größe und Güte aufschwingen wirst.

Je dunkler und kälter unsere Jahre werden, desto mehr brauchen wir sein Licht, um weiter als Menschen leben zu können.

30 SIE FIELEN NIEDER UND BETETEN ES AN. Die Kerzen am Christbaum anzünden, darunter alle Glückwunschkarten ausbreiten, eine Platte mit Weihnachtsliedern auflegen, vergessen, daß hinter dem Fenster Dunkelheit und Frost herrschen, den Blick versenken in den Glanz des Baumes, in die Lichter, die Farben und zusammen mit Maria und Josef nach Betlehem wandern, mit den Hirten zu Maria, Josef und dem Kind kommen, mit den drei Weisen die Heilige Familie suchen und – so wie damals, als du ein Kind warst – wie ein Kind glauben, daß Liebe

möglich ist, daß Treue möglich ist, Aufopferung, Selbstlosigkeit.
Denn gleich wirst du aufstehen müssen, die Lichter löschen und hinausgehen in Dunkelheit und Frost.

Und sie werden den Menschensohn auf den 31
Wolken des Himmels kommen sehen. Wieder ist ein Jahr vergangen.
Sag nicht einfach: weg und vorbei. In ihm war viel Gutes, und zwar unbezweifelbar Gutes. Es war nicht nur ein Schritt in der Zeit, es war dein Schritt auf dem Weg zu Gott. Soviel Liebe, so viele Versuche, den eigenen Egoismus zu überwinden.
Vielleicht sagst du: „Was du da redest, ist mir peinlich. Ich sehe dieses Gute gar nicht."
Also schau: Da gab es soviel mühsames Aufstehen am frühen Morgen, soviel Eile, um nicht zu spät zu kommen, so viele redlich gearbeitete Stunden, soviel Ehrlichkeit, Hilfe zu Haus, soviel Sorge. Ja, soviel Liebe.
Gott ist unendlich gerecht. Das heißt vor allem, daß Er auch die geringste gute Tat nicht vergißt, nicht das schlichteste Wort, nicht den kleinsten freundlichen Gedanken.

Januar

Als sie den Stern erblickten

ER KAM ZU DEN SEINEN. Wir, die wir auf Krumen des Weltalls leben, dessen Größe so riesig ist, daß unser Verstand sie nicht einmal zu fassen vermag – wir glauben, daß sein Schöpfer uns bemerkt hat. Wir, die wir zu jener Menschheit genannten Gattung gehören, die im Leben des Alls nicht länger währt als ein Augenblinzeln – wir glauben, daß sein Schöpfer uns bemerkt und uns ein Zeichen gegeben hat – seinen Sohn. *1*

DIR GESCHEHE, WIE DU GEGLAUBT HAST. Im Stall gab es keine Engel, es gab sie, aber sie waren bei den Hirten, die Wache hielten. 2
Ein Stern führte die drei Weisen, aber in dem Hause, wo das Kind war, fanden keine Wunder statt.
Bald danach flieht der Gottessohn vor dem eifersüchtigen Marionettenherrscher des kleinen Staates.

Danach kommen dreißig Jahre Zimmermannsarbeit in irgendeinem Nest und kaum ein paar Jahre öffentlicher Tätigkeit, während der er Wunder wirkte wie übrigens auch die Propheten und Auserwählten Gottes im Alten Testament.
Einen Menschen kann man nicht zu Glaube und Liebe zwingen, und wenn Gott selber von ihm diesen Glauben und diese Liebe verlangte.

3 ALS SIE DEN STERN ERBLICKTEN. Du wirst den Stern von Betlehem nicht schauen, wenn du nicht nach ihm suchest. Wirst den Gesang der Engel nicht hören, wenn du dir keine Mühe gibst.
Und wer hat es mehr nötig, nach Tröstung Ausschau zu halten, als wir: die wir entsetzt sind von den Krankheiten, die hinter der Wand grassieren, vom Tod, der uns umkreist, vom vielen Unglück, das unser mühsam ins Gleichgewicht gebrachtes Leben durcheinanderbringt, vom Alter, in das wir alle mehr und mehr versinken.
Und wer hat es nötiger, auf rettende Stimmen zu lauschen, als wir: die wir uns immer mehr unserer Plumpheit bewußt werden, unserer Schwäche, Gebrechen, unserer Bosheit und nicht zuletzt unserer Dummheit. Wir, die wir immer bedrückter und trauriger werden.
Du findest den Stern der Erlösung nicht, wenn du nicht nach ihm suchst. Du hörst die Worte der Wahrheit nicht, wenn du sie nicht herbeisehnst.

Kein Ding ist unmöglich. Es ist eine Nacht, da der Wolf die Pfote gibt; die Füchse fressen aus der Hand; die Tiger schmiegen sich an wie Katzen; die Löwen halten den Nacken hin, damit man ihn krault; die Schlangen blinzeln mit den Augen; die Skorpione lächeln; die Hühner hören auf zu gackern. Selbst der Affe von gegenüber spricht mit menschlicher Stimme. 4

Aber obwohl morgen das Wunder zu Ende ist und alles zum normalen Leben zurückkehrt, vergiß nicht, daß ein Wunder möglich ist und die Menschen Menschen sein können. Daß du selber Mensch sein kannst.

Sie legte ihn in eine Krippe. Wie nicht haben wollen, wenn andere haben. Wie nicht mehr haben wollen, wenn andere mehr haben. Wie nicht Besseres haben wollen, wenn andere Besseres haben. Und so verbauen dir materielle Dinge deine Phantasie, dein Denken, deine Gefühle. Von da an hörst du nichts mehr. Siehst nichts mehr, fühlst nichts mehr anderes. Deine Hände werden nur nach der harten Form einer Sache tasten. Und dann hat man dich. Jeder kann dich lenken: wenn er dir nur eine Sache unter die Hand schiebt; wenn er dir nur Geld auf den Tisch wirft. Du bist nicht mehr frei. Bist kein Mensch mehr, sondern nur ein von Besitzgier besessener Sammler. 5

Und deshalb lehrt uns Jesus immerzu, daß wir *sein* müssen, nicht aber haben wollen, daß wir *handeln* sollen, nicht aber anhäufen, daß wir *geben* sollen, nicht aber sammeln. Und deshalb ist er in einer Herberge geboren, und man legte ihn in eine Krippe.

6 UND SIE BRACHTEN IHM GESCHENKE DAR: GOLD, WEIHRAUCH UND MYRRHE. Nur so kann man Gott begegnen – mit Gold, Weihrauch und Myrrhe: Mit dem Gold der Liebe bis zur völligen Hingabe, bis zur völligen Aufopferung; mit dem Weihrauch unendlicher Begeisterung; mit der Myrrhe des Leidens, der Trauer, des Gefühls der Sünde.
Nur so kann man Gott begegnen – nur so kann man sich selber begegnen. Sich selber als kleinem Menschen angesichts der riesigen Wirklichkeit, zu der man durch Liebe, Begeisterung und Leiden gelangt.

7 DREI WEISE. Was denkst du. Denkst du überhaupt. Inwieweit ist das, was du dein Denken nennst, gesteuert von der Welt, die dich umgibt, von der Schule, von Zeitungen, Rundfunk, Fernsehen, Büchern, Vorträgen. Inwieweit ist dein Denken bedingt durch deine Launen, Leidenschaften, Besessenheiten, Ängste: bedingt durch das, was du um jeden Preis haben oder vermeiden willst. Inwieweit bist du frei, um zu denken: zu beurteilen, eine Meinung abzugeben, Erklärungen zu finden, neue Wege und Lösungen zu suchen.

Schließlich bist du ja ein Weiser, der die Wahrheit sucht. Und darauf darfst du nicht verzichten, denn Gott ist die Wahrheit. Wenn du auf die Wahrheit verzichtest, verzichtest du auf Gott.

NACH SEINEM BILD UND GLEICHNIS. Bleibe so, wie 8
Gott dich geschaffen hat. In der ganzen Unwiederholbarkeit deiner Reaktionen, Empfindungen, deines Denkens. Laß dich nicht zurechtbiegen von der Gesellschaft. Laß dich nicht uniformieren durch den Druck der Gruppe, in der du lebst. Es wird dir gelingen, aber nur dann, wenn du dir sehr viel abverlangst, wenn du immer vorwärts schreitest.
Achte den Menschen, der neben dir lebt. Laß zu, daß er sich entwickelt. Habe nicht den Wunsch, ihn dir anzupassen. Neide ihm nicht, daß er seine Natürlichkeit bewahrt hat.

WIE DIE KINDER. Was ist nach diesen hinter dir lie- 9
genden Jahren übriggeblieben: von deiner Einfachheit, Echtheit, Spontaneität? Kannst du dich noch schämen, freuen, begeistern, empören, staunen? Aber vielleicht schämst du dich deiner Empfindlichkeit: nach so vielen Jahren des Lebens sollte man doch schon wissen, daß nur das zählt, woran man verdienen kann; daß man nur auf das eingehen darf, was sicher ist und ohne Gefahr.

10 FOLGE MIR NACH. Sei wie ein Fluß. Versuche nicht, wie ein Denkmal zu sein. Sammle nicht deine Erfindungen, Aussprüche, Gesten, die sich bewährt haben, von denen du überzeugt bist, daß sie zu dir passen, die ein Echo gefunden haben in deiner Umgebung. Sammle nicht einmal deine Überzeugungen, Anschauungen, Urteile. Sei wie ein Fluß. Das ist schwieriger. Leichter fällt es dir, aus deiner Schatzkammer ein fertiges Lächeln, geschickte Wendungen, Antworten, selbstverständliche Thesen hervorzuholen. Aber dann merkst du nicht einmal, wie du zu einem toten Holz wirst.
Sei wie ein Fluß. Das ist schwieriger. Fast gefährlich. Die Angst, daß dir nicht rechtzeitig eine Antwort, eine Lösung, ein Gedanke kommt, daß du so ins Dunkle laufen, immer wieder von neuem suchen mußt. Das ist schwieriger, aber nur dann bist du Mensch, ein Zweig, der grünt, nicht aber totes, schwarzes Holz.

11 IHR GLEICHT GETÜNCHTEN GRÄBERN. Wer bist du wirklich? Vielleicht weißt du es selber nicht, weil du dich vor dir versteckst im Rauchvorhang deiner Kniffe, Griffe und Drehs. Weil du dein wahres Gesicht vor dir selbst verbirgst hinter dem Transparent der Pose, der Verstellung.
Aber du mußt dich anschauen. Um deines Menschentums, deiner Erlösung willen. Schau dich an, auch wenn du dir erscheinst als bodenlose Leere;

auch wenn du dich siehst als Abgrund voller Bosheit, Falschheit und Unwahrheit. Und resigniere nicht, sondern kämpfe um die Wahrheit in deinem Leben, darum, daß deine Tat, dein Wort das repäsentieren, was in dir ist.

NATTERNGEZÜCHT. Sei kein Chamäleon, das sich je nach Umgebung ändert. Sei kein Krake, der alles, was in den Bereich seiner Arme kommt, packt und erst losläßt, wenn es ausgesaugt ist. Sei kein Pfau, der vor jedem seine Farben ausbreitet. Sei kein Schakal, der um die alten Leute herumstreicht. Sei ein Mensch. Ein Wesen, das Rat gibt, hilft, gefällig ist, das dem anderen die Wahrheit ins Gesicht sagt, das verzeiht, bevor es darum gebeten wird. 12
Dann wirst du – auch wenn niemand dich fragt, ob du glaubst und an wen du glaubst – ein Stern sein, der zu Gott führt, zum Vater des Lichtes.

WER BIST DU? Erledige, soweit es möglich ist, alles sofort. Verzögere nicht notwendige Gespräche. Schieb es nicht vor dir her, wenn es nötig wird, deinen Standpunkt zu präzisieren oder eine wichtige Entscheidung zu fällen. Früher oder später wirst du in einer Lage sein, wo du es tun mußt und die für dich noch ungünstiger ist als die jetzige. 13
Versuche, dich klar und erschöpfend auszudrücken.

Vermeide Halbtöne, das Zwielichtige. Vermeide, zweideutig zu sein und verschwommen zu bleiben. Andernfalls häufen sich Unklarheit und Unordnung derart, daß du selber nicht mehr weißt, wer du bist und wer die Menschen um dich herum sind. Dann wird das Leben unerträglich.

14 WER SEIN LEBEN ZU RETTEN VERSUCHT, DER WIRD ES VERLIEREN. Schau nicht wie gebannt auf dich: nicht auf deine Vergangenheit noch auf deine Zukunft, nicht auf deine Erfolge noch auf deine Niederlagen, weder auf deine Jugend noch auf dein Alter, denn wahnwitzige Angst und Verzweiflung werden dich packen. Du mußt den Kreis des eigenen Ich überschreiten durch Engagement, durch Aufopferung, Liebe, Vertrauen, Glaube.
Das ist der Weg wahrer Künstler, wahrer Eltern, wahrer Politiker, wahrer Christen – wahrer Menschen.

15 WENN DU ALT GEWORDEN BIST. Man kann nicht das ganze Leben in derselben Uniform marschieren. Du kannst nicht handeln wie ein Kind, wenn du keins mehr bist. Kannst nicht auftreten wie ein Gymnasiast, wenn du schon Student bist; wie ein Student, wenn du schon selbständig arbeitest; wie ein gewöhnlicher Angestellter, wenn du führen sollst; wie

ein Junggeselle, wenn du verheiratet bist. Deine Funktionen verändern sich, deine Pflichten, Rechte und Verantwortungen. Dein Leben verändert sich, du selber. Du mußt umsatteln, auch wenn du manchmal gar keine Lust hast, auf den bisherigen Status zu verzichten. Denn sonst bringst du viel Übel über dich und die anderen – und bist überdies noch komisch.

UND FÜHRE UNS NICHT IN VERSUCHUNG. Sage nie, daß es schon zu spät ist. *16*
Es ist nie zu spät: ganz gleich, welch ausgezeichnete Gelegenheit du verpaßt hast, welch großen Fehler du begangen hast, in welcher tragischen Lage du dich befindest, wie alt du auch bist.
Immer kann es zu spät sein: auch wenn du als erster am Start bist, auch wenn du vorzügliche Ausgangspositionen hast, auch wenn dir alle Möglichkeiten offenstehen, auch wenn du noch sehr jung bist.
Alles hängt von dir ab: von deinem Vertrauen – auf dich, auf die Menschen, auf die Welt, auf Gott.

IM VERBORGENEN. Erst dann wirst du erkennen, was einer wert ist, wenn im normalen Lauf der Dinge eine Lücke aufbricht; wenn man um den Preis einer Unredlichkeit etwas erreichen kann, während alles darauf hinweist, daß niemand je davon erfährt. *17*

Nur dann, wenn du dich in eine solche Situation gestellt siehst, wirst du dich überzeugen können, was du wert bist.

18 SELIG DIE TRAUERNDEN, DENN SIE WERDEN GETRÖSTET WERDEN. Warte nicht, daß irgendwann deine Zeit kommt und endlich deine Arbeit richtig gewertet wird, deine Absichten verstanden, deine Bemühungen anerkannt werden. Warte nicht, daß du auch deine Gegner überzeugst und das Lob einheimst, das deines Lebens würdig ist. Denn selbst wenn es dazu kommt, so taucht ohnehin schon morgen einer auf, der besser ist als du; interessanter, origineller oder fleißiger, opferwilliger, engagierter, einer, der die Aufmerksamkeit auf sich lenkt und dir deine Anhänger abspenstig macht, du aber – trittst zurück in den Schatten.

19 WER DER GRÖSSTE SEIN WILL. Ein Mensch sein. So viele artige kleine Buben und Mädchen hat es gegeben; sie sind zu unangenehmen jungen Zeitgenossen herangewachsen.
So viele hoffnungsvolle junge Menschen hat es gegeben; bald gingen sie daran, nur noch Geld zu machen. So viele prächtige Freundinnen und Freunde; sie wurden unausstehlich, als sie führende Stellungen erlangt hatten. So viele rechtschaffene Ehemänner

und tugendhafte Ehefrauen hat es gegeben; sie haben sich in späten Jahren zu Spießern, Komödianten, hemmungslosen Genießern entwickelt.
Mensch sein – Christ sein.

Wir haben seinen Stern gesehen. Und dir 20
schien, du wärest zu alt, um dich in das ungewisse Abenteuer fremder Sorgen drängen zu wollen.
Und dir schien, du wärest zu zynisch, um dich für jemanden begeistern, jemanden liebgewinnen zu können.
Und dir schien, du hättest zuviel Erfahrung, als daß dich noch etwas verwundern oder dein Interesse wecken könnte.
Du wärest zu gesellig, um dich von der Schar deiner Freunde zu lösen – nur um eines verirrten Menschen willen.
Du wärest zu berechnend, um die eigenen Interessen hintanzustellen und jemandem eine verlorene Drachme suchen zu helfen.
Dir schien, als wäre alles, was sich in deinem Leben ereignen solle, schon geschehen, und als könnte dich nichts mehr hindern, den eigenen Garten zu pflegen.
Jetzt aber bedauerst du vielleicht gar nicht, daß du – womöglich das letzte Mal im Leben – den Sinn deines Lebens erfahren und dich für das Gute, Wahre, Schöne – für Gott selbst – begeistern durftest.

21 WER MIR NACHFOLGEN WILL. Der Weg großer Menschen erscheint uns wie eine gerade, helle Bahn. Das bedrückt uns. Besonders, wenn wir auf das eigene Leben schauen, das voller Irrungen ist, voller Niederlagen, Versuche zur Rückkehr, voller Sackgassen.

Der Weg großer Menschen erscheint uns wie heller Sonnenschein. Aber das ist eine Täuschung. Wenn wir uns ihren Weg von nahem besehen, ist er voller Irrungen, Niederlagen, Versuche zur Rückkehr, voller Sackgassen.

Nur haben sie mehr Geduld als wir, wenn es darum geht, sich nach einem Sturz zu erheben; mehr Ausdauer bei der Suche nach dem eigenen Modell; mehr Konsequenz, gesteckte Ziele zu erreichen.

22 GEWALTTÄTIGE. Wenn man das Leben wiederholen könnte. Wenn man wenigstens ein Jahr, wenigstens einen Monat, wenigstens einen Tag, wenigstens eine Stunde zurückholen könnte. Wenn man ein Wort, eine Tat ungesprochen, ungeschehen machen könnte.

Trotzdem: versuche nicht, allzu vorsichtig zu leben. Gib dich nicht zu sehr damit ab, deine Fehler auszumerzen. Schaff etwas im Leben. Nur wenn du dich mit Schwung, mit Elan an eine Sache machst, tilgst du aus, was Sünde, Fehler, Böses genannt wird. Dafür wird dann einfach keine Zeit sein. Und im übrigen kalkuliere dieses Risiko ein: daß du hier und dort erfolglos bleibst, daß du sogar manchen vor den Kopf stößt, bei manchem aneckst. Das wird unvergleichbar sein mit dem Guten, das du verwirklichst. Damit machst du alle diese Fehler wieder gut.

EUCH SOLL ES UM DAS REICH GOTTES GEHEN. Wenn man nach Gründen sucht, warum das religiöse Leben an Kraft verloren hat, so besteht wohl einer darin, daß wir nicht allein auf der Welt sind. Fortwährend stoßen wir auf andere Menschen: das gibt ein Gefühl der Sicherheit. Wir beruhigen uns mit der Feststellung, daß auch andere irgendwie leben; daß sie, das Unausweichliche des Todes vor Augen, dennoch nicht verzweifeln; daß sie nicht irre werden vor Angst, ihr schlechtes Tun verantworten zu müssen; daß sie augenscheinlich mit den Problemen fertig werden, die auch uns beunruhigen. Ein anderer Grund: Wir treffen auf keine uns fremde Natur, sondern auf eine kultivierte Welt, das heißt eine vom Menschen verwandelte Natur. Wir fürchten uns nicht mehr so sehr vor Blitzschlag, Dürre und Überschwemmung. 23
Vielleicht wird man eines Tages die Autos auf den Straßen automatisch steuern, und du brauchst dich nicht zu fürchten, es könnte zu einem Unfall kommen. Vielleicht werden wir lernen, Regen zu machen und Wolken zu verjagen. Vielleicht finden wir Arzneien gegen Herzinfarkt, gegen Krebs und Sklerose. Es wird dann für uns noch schwerer, religiös zu sein.

Aber letztlich ist der Mensch in allen Epochen arm. Letztlich lauert stets eine neue Gefahr, ein neues Gebrechen. Immer bleibt der unendliche Streifen des Todes, der Sinnlosigkeit und der Trauer.

24 ER FÜRCHTETE SICH UND BEGANN ZU SINKEN. Wir gehen über das schmale Band des Normalen, des Gewohnten. Unter den Füßen gähnen die Löcher der Vergessenheit, rechts und links drücken sich an uns die glitschigen Wände des Abscheus und Ekels, über den Köpfen schwindelnder, dunkler Raum, in der Ferne die Wolken drängender Ängste. Du gehst über die trügerische Fläche des Normalen. Es fehlt nur ein Schritt, und du stürzt in den Schlund der Fühllosigkeit, der Apathie, läßt dich von Vorurteilen und Komplexen übermannen, läßt dich verschlingen von Furcht und Unruhe. Es fehlt nur ein Schritt, und du hörst auf, die Welt objektiv zu sehen, zu hören, was jemand zu dir sagt, hörst auf, logisch zu denken.
Du gehst über das schmale Band des Normalen. Gib darauf acht. Wisse es zu schätzen.

25 NUR DURCH GEBET UND FASTEN. Was heißt das: normal sein – nicht normal sein? Wie viele erbliche Belastungen, Komplexe, ohne unseren Willen erworben, stecken in uns und wieviel von unserer eigenen Schuld: von unserer Dummheit, Schwäche,

Hilflosigkeit – und schließlich wieviel von unserer Bosheit?
Soviel Verbissenheit steckt in uns, soviel Unversöhnlichkeit, Neid, Abscheu und Verachtung. Soviel Trauer, Angst, Hemmung, Vorurteil, Anmaßung, Gereiztheit, Eroberungsgier, Brutalität, Gewalttätigkeit, Grobheit, Unbeherrschtheit. Soviel Mißtrauen, Lüge, Täuschung, Arglist.
Inwieweit bist du normal, inwieweit bist du nicht normal? Wieviel in dir ist ererbt von deinen Vorfahren, wieviel geht zurück auf schwere innere Wunden aus deiner Kindheit – und wieviel auf eigene Schuld?
Was hast du aus dir gemacht? Was machst du mit dir?

EINER WIRD MICH VERRATEN. Sage nicht, du kämest *26*
im Beruf nicht voran wegen deiner Ehrlichkeit, du verdientest deshalb so wenig, weil du wegen deiner Überzeugung kein Schmiergeld geben oder nehmen konntest, weil du dich bei deinen Vorgesetzten nicht einschmeicheln kannst – weil du nicht so handeln kannst wie so viele, wie jene.
Wenn du so sprichst – stehst du schon am Rande des Verrats.

27 KLEINGLÄUBIG. Versteck dich nicht hinter deiner Bedeutungslosigkeit, hinter dem Schlechten, das du im Leben getan hast.
Versteck dich nicht hinter deiner Unordnung, deiner Faulheit, deiner mangelnden Intelligenz – hinter all den Fehlern, die du kennst.
Fürchte nicht die Menschen, die dir im Wege stehen, die boshaft Hindernisse vor dir aufrichten; hab keine Angst vor einer schwierigen Welt.
Du hast Kraft genug, mit deinen Aufgaben fertig zu werden.
Du bekommst sie von dem, der Größe von dir fordert.

28 ICH BIN GEKOMMEN, FEUER AUF DIE ERDE ZU WERFEN. Speichere keine Wut in dir gegen die Menschen. Kehr nicht immer wieder zurück zum Unrecht, das du erfahren hast. Starre nicht nach schlaflosen Nächten mit immer größerer Empörung auf das Böse, das man dir zugefügt hat. Denn dieser Haß wird deinen Horizont verengen, wird wachsen wie ein Buckel, wird dich krumm machen, dich entstellen, dich vernichten. Er wird dich in Hysterie versetzen und dich in Stücke reißen. Und du selber wirst für diesen Zustand verantwortlich sein.
Du mußt dieses Unrecht Gott zu Füßen legen – so wie man eine nutzlose Last am Straßenrand abwirft – und weitergehen.

Er lief ihm entgegen. Rede dich nicht damit heraus, du würdest erst zu ihm gehen, wenn du seiner würdig bist: wenn du dich von deinen schlechten Gewohnheiten befreist, wenn du deine Fehler bekämpft hast, wenn deine Lebensprobleme gelöst sind. Habe nicht den Wunsch, dich selber zu bekehren – dazu reicht dein Leben nicht aus. Er verlangt das ja gar nicht von dir. Er verlangt nicht einmal einen ersten Schritt; es genügt, wenn du schüchtern den Kopf hebst. 29

Der Pharisäer stellte sich auf. Es gibt keine Situation, die unabänderlich wäre. Keinen Zielpunkt, nach dem alles stabil und sicher sein müßte. Es gibt keinen vollkommenen Zustand. Keine endgültige Form. Keine ideale Gestalt. Alles ist eine Etappe, nach der wir sofort weitergehen müssen, denn sonst verlieren wir jede Aktualität, befinden wir uns in der lächerlichen Situation des mit sich selbst zufriedenen Pharisäers. 30

Und so ist es mit allem: mit dem wissenschaftlichen und technischen Fortschritt, mit der Politik, der Kultur wie auch mit der persönlichen Entwicklung.

Und deshalb sollst du, wenn du sterben wirst, nicht bedauern, daß du so viele Dinge nicht erledigen, die Fülle deiner Zeit nicht erleben konntest, daß du keine Jahre der Ruhe und Stabilität haben durftest. Es gibt sie hier nicht.

Du wirst sie drüben finden.

31 Ich bitte dich. Du, Gott, machst, daß wir unruhig, daß wir unzufrieden sind mit uns selber, daß wir dich suchen. Und so soll es auch sein. Aber wir bitten dich, gib uns ein wenig Freude: die Freude des Kaufmanns, nachdem er die begehrte Perle; die Freude der Frau, die die verlorene Drachme gefunden hat; etwas von der Freude des verlorenen Sohnes, der heimgekehrt ist zum Vater.

Februar

Gespür für Gottes Gegenwart

UND ER KAM NACH NAZARET ZURÜCK. Die Heilige Schrift sagt fast nichts über Jesu dreißigjährigen Aufenthalt in Nazaret, denn in dieser Zeit ist einfach nichts Besonderes geschehen. Es war ein ganz gewöhnliches Leben in einer kleinen Stadt. Gewöhnliche Sonnenauf- und -untergänge, ein gewöhnliches Erwachen. Gewöhnliche Gebete, Mahlzeiten, Arbeiten und Stunden der Erholung. Gewöhnliche Frühjahre, Sommer, Herbste und Winter. Da waren die Mutter, der Vater, der Sohn, die Nachbarn, die Menschen, bei denen der Zimmermann Josef mit seinem Sohn Jesus arbeitete. *1*
Es waren gewöhnliche dreißig Jahre. Wozu sie dienen? Daß wir glauben, welchen Wert ein gewöhnliches Menschenleben in Gottes Augen hat.

2 Für wen haltet ihr mich? Für wen haltet ihr mich? Diese Frage Jesu steht seit zweitausend Jahren vor den Menschen. Diese Frage steht vor jedem von uns. Und weiche nicht darauf aus, daß die einen meinen, er sei ein Prophet, und die anderen wieder etwas anderes sagen. Er fragt dich: Für wen hältst *du* mich?

3 Einem gab er fünf Talente, einem anderen zwei. Nicht alle wurden Apostel. Nur diejenigen, zu denen Jesus gesagt hatte: „Folge mir nach." Nicht alle öffentlichen Sünderinnen änderten ihren Lebensstil, nur diejenige, zu der Jesus gesagt hatte: „Deine Sünden sind dir vergeben, gehe hin und sündige nicht mehr." Nicht alle Zöllner gaben ihren Beruf auf, nur derjenige, zu dem Jesus gesagt hatte: „Zachäus, steige schnell herab, denn heute muß ich in deinem Hause bleiben."
Anders war der Weg des heiligen Johannes, anders der des heiligen Petrus, anders der des Nikodemus, der Veronika, der Maria Magdalena ...
Nicht alle Menschen, die heute leben, sind Christen. Nicht alle Christen erfüllen eifrig ihre kirchlichen Pflichten. Nicht alle, die sie eifrig erfüllen, sind Ordensleute.
Jeder hat seinen Weg, der ihm von der Gnade bestimmt ist.
Das wichtigste ist, daß ein Mensch, selbst ein so vollkommener wie der Jüngling im Evangelium, es nicht ablehnt, dieser Gnade zu folgen.

WER OHREN HAT, DER HÖRE. Im Evangelium ist 4
immerfort von dir die Rede.
Du bist jener leichtsinnige Sohn, der sein Leben vergeudet; der unvernünftige Knecht, der seinen Schatz vergräbt; der selbstgerechte Pharisäer; der geheilte Aussätzige, der keinen Dank weiß für die Gnade der Gesundung; Petrus, der Jesus aus Angst verleugnet; Judas, der ihn verrät.
Aber du bist auch jener Blinde, der auf den Weg tritt und fleht: „Jesus, Sohn Davids, erbarme dich meiner"; Zachäus, zu dem Jesus als Gast kommt; Magdalena, die zu Jesu Füßen weint; Mattäus, der alles stehen und liegen läßt und Jesus nachfolgt, der treue Johannes, der bis zum Ende unter dem Kreuz ausharrt; Jesus, der über die Erde geht und Gutes tut.

SEID VOLLKOMMEN. Was hast du aus deinem 5
Wunsch nach Größe gemacht? Wie hast du deinen Zusammenprall mit anderen Menschen verkraftet? Hast du ihn mit der Feststellung abgetan, alle seien töricht? Oder im Gegenteil: wenn sie dir nachwiesen, daß du schwach seist, zogst du dann aus, um Geld, Titel, Posten zu sammeln, um mehr Luxus, mehr Besitz zu erwerben?
Die Wahrheit aber ist, daß Gott jeden von uns als einen einmaligen, einzigartigen Menschen geschaffen hat, den kein anderer bedrohen kann.
Die Wahrheit aber ist, daß wir alle Kinder des einen

Vaters sind. Und nur wenn wir in unser Milieu hineinwachsen, uns ihm öffnen, können wir die eigene Individualität voll entfalten.

6 Ein Schilfrohr, das im Wind schwankt. Wir wurden von klein auf sorgsam erzogen. Man stellte uns in einer Reihe auf, schlug uns auf die Finger, schickte uns in die Ecke, schenkte uns als Belohnung Bonbons, man schnitt uns das Haar, damit der Wind es nicht zerzauste. Immerzu mußten wir auf uns aufpassen, daß wir nicht schwitzten, daß wir uns nicht erkälteten, daß uns nichts schadete. Wir lernten es, die Finger nicht zwischen die Türen zu stecken, uns keiner Gefahr auszusetzen, nichts zu riskieren. Und schon freuen wir uns, daß wir besonnen, beherrscht, kaltblütig sind, daß wir Menschen sind, die nicht nach vorn ausbrechen.
Wie sollen wir jetzt Verlangen haben nach dem Wasser des Lebens, wie hinausgehen in die dunkle Nacht, um die Wahrheit zu suchen, wie die Fackeln mit bloßen Händen aus dem Feuer reißen, wie arbeiten bis zum letzten Schweißtropfen – wie uns jetzt ganz einsetzen?

7 Sagt nicht. Setz nicht voraus, daß du Schüler *bist* oder Künstler, Ehefrau, Professor, Priester, Direktor. Setz nicht voraus, daß du Katholik bist. Setz nicht

voraus, daß du Mensch bist. Das ist nicht nur dein Stand, das ist vor allem ein Aufruf. Du *wirst* Schüler, Ehemann, Schauspieler, Ordensmann, Ingenieur; du wirst Katholik; du wirst Mensch – durch jede Tat. Oder aber du verrätst deinen Stand durch diese Tat.

SIE MACHTEN SICH AUF DEN WEG. Man kennt dich schon: deine Mängel und deine Vorzüge, deine Angewohnheiten und deine Schwächen – man hat schon festgelegt, was für einer du bist. Am Ende erkennst auch du, daß du dich in den festgefahrenen Geleisen deiner Möglichkeiten bewegst. Du fängst sogar an, dich mit diesem Schema abzufinden, stellst fest, daß du damit bequem fährst. *8*
Du bist nur dann lebendig, wenn dir das nicht genügt; wenn du mit diesem Festgelegt-Sein nicht zufrieden bist; wenn du überzeugt bist, daß du zu mehr imstande bist, daß du dein letztes Wort noch nicht gesagt hast.

DIE DAS HIMMELREICH AN SICH REISSEN. Immerfort besteht die Gefahr, daß wir einen artig-angepaßten Menschentyp heranziehen, der brav „Guten Tag" sagt, „Auf Wiedersehen" und „Entschuldigung"; einen, der die versäumten täglichen Gebete beichtet und die häßlichen Gedanken; einen, der vor sich selber, vor den Mitmenschen, vor der Welt er- *9*

schrickt; der sich fürchtet vor hohen Gedankenflügen, großer Begeisterung, großem Zorn; der Angst hat vor selbständigem Denken, vor selbständigen Schritten und Taten.
Solche Menschen entschließen sich nicht, Jesus nachzufolgen, auch wenn wer weiß was für Sterne sich ihnen zeigen, auch wenn wer weiß was für Engel ihnen singen. Sie bleiben vorsichtig-berechnende Menschlein, bereit, jeden zu ducken, der über sie hinauszuwachsen droht; denn ihre Ruhe, ihr Gleichgewicht geht ihnen über alles. Und was das ärgste ist: Alles das werden sie im Namen Jesu Christi tun, ohne etwas von seiner Größe zu begreifen.

10 JEDEM, DER HAT, WIRD GEGEBEN WERDEN. Entschuldige dich nicht mit dem Verhalten anderer Menschen. Versteck dich nicht hinter ihren Taten. Vermeide Begründungen für dein Tun wie: „Wenn der es sich nicht zu Herzen nimmt, warum sollte ich es denn tun?“, „Wenn es denen erlaubt ist, warum dann nicht mir?“ Wir werden individuell gerichtet werden, denn wir erhalten nach individuellem Maß. Wenn du richtig hinschaust, dann bist du der, der mehr bekommen hat.
Vergleiche dich nie mit anderen Menschen. Du weißt nicht, wieviel sie bekommen haben. Du weißt nur, wieviel du selber bekommen hast. Und dafür trägst du Verantwortung.

In dieser Stunde. Beuge dich nicht dem Druck des Augenblicks. Laß nicht zu, daß du *jetzt* etwas um jeden Preis zu erlangen versuchst, so als folgte danach ein Vakuum. Nach dem *Jetzt* folgt ein Morgen, und du wirst denen in die Augen schauen müssen, die du erst gestern blenden, erobern, überzeugen wolltest, von denen du kleine oder große Dinge bekommen oder erschmeicheln wolltest. Die Zeit deckt die Motive deines Tuns – die geringste Falschheit, den geringsten Betrug – unerbittlich auf und bringt die Wahrheit an den Tag. *11*

Mit dem Mass, mit dem ihr messt, wird euch gemessen werden. Du hast das Leben, das du haben willst. Du hast das Leben, das du selber bist. Es gibt keine Tat, die ungestraft bliebe. Alle bleiben in dir zurück. Jede Entscheidung formt das weitere Tun. Jede Entscheidung ist ein neuer Zug in deiner Persönlichkeit. Sie bleibt jetzt und für immer. *12*

Meine Stunde. Der gegenwärtige Augenblick ist der Schnittpunkt zweier Kraftströme: der ganzen Vergangenheit – aller unserer bisherigen Taten – und des augenblicklichen Willensaktes. *13*
Und deshalb können wir nicht sagen, die aktuelle Entscheidung sei bloßer Ausfluß der Vergangenheit,

wie wir auch nicht sagen können, sie sei völlig frei vom Vergangenen.
Aber wir können – in jedem Augenblick – eingreifen in unser Leben durch eine Tat des Willens.

14 DIE MUTTER JESU SAGTE ZU IHM. Sag dir endlich, daß du keine Wortduelle gewinnen willst. Versuche nicht, dein Recht mit glanzvollen Sprüchen zu besiegeln. Vertraue dem Menschsein deines Gesprächspartners, glaube, daß Worte länger dauern als der Augenblick, da man sie ausspricht, daß dein Gegenüber noch manchmal auf sie zurückkommen, daß er noch manchmal deine und seine Argumente prüfen wird.
Und wenn du von Gott sprichst, sage nur das, woran du tief glaubst. Verdecke nicht innere Leere mit großen Worten: sie läßt sich durch nichts verbergen. Das WORT GOTTES kann nur dann wirksam sein, wenn es aus dem Glauben kommt.
Und wenn du von Gott sprichst, mach keine Propaganda, mißbrauche das WORT nicht. Bemühe dich nicht, alle um jeden Preis zu bekehren. Du hast keine Macht über das WORT. Bekehrung ist nicht dein Werk.

15 DIE HEUCHLER. Paß auf dich auf, wenn du „Guten Tag“ und wenn du zu jemand „mein Lieber“ sagst, wenn du die Hand gibst, eine Verbeugung machst

und lächelst. Paß auf dich auf, wenn du zum soundsovielten Male denselben Witz erzählst, dasselbe Ereignis und Abenteuer, wenn du von deiner Entdekkung, Erfindung, Erleuchtung sprichst, von der Gnade, die du erfahren hast.
Paß auf dich auf, wenn du zum soundsovielten Male dich bekreuzigst, wenn du betest, wenn du an der heiligen Messe teilnimmst, wenn du die Kommunion empfängst.
Damit du nicht Klischees speicherst, von denen du nur neue Abzüge produzierst. Damit du immer lebendig bleibst.

IHR SEID DAS SALZ DER ERDE. Wenn du wüßtest, 16
was die Menschen über dich reden. Wie sie deine Worte und Taten verzerren und verdrehen. Wie sie dir Taten und Worte unterstellen. Wieviel Verleumdung, üble Nachrede, wieviel Gerüchte, Boshaftigkeiten, ironische Witze über dich in Umlauf sind. Manchmal erreicht dich diese Welle von Neid. Und erst dann spürst du, wie du eingekreist bist von spionierenden Blicken, von Geflüster, von auf dich gerichteten Fingern. Dann wunderst du dich, daß die Menschen auf der Straße dein „Guten Tag" überhaupt noch erwidern, daß sie dir noch die Hand zur Begrüßung reichen. Und je mehr du arbeiten, je mehr du dich engagieren und aufopfern wirst, um so häßlicher werden sie über dich reden – das ist der Preis jeden reichen Lebens.

Aber könnte man nicht anders? Man kann. Dann lebe artig und unauffällig, mach dich bei niemandem unbeliebt; man wird dich loben, dir recht geben, dich grüßen. Nur denke dann nicht, du seist ein Christ.

17 NICHTS IST VERBORGEN, WAS NICHT BEKANNT WERDEN WIRD. Such keine Entschuldigungen. Sage nicht, das sei Unwahrheit, Verleumdung, Gerücht. Du hättest das gar nicht gesagt oder getan, es wäre gar nicht so gewesen. Versuch nicht zu erklären, du hättest das nicht gewollt, deine Absichten wären ganz andere gewesen, man hätte dich nicht begriffen, hier liege ein Mißverständnis vor.
Schau, die Menschen schließen schon die Fenster, denn sie wollen deine weinerlichen Erklärungen nicht mehr mit anhören. Sogar dein Freund hört dir nur mit halbem Ohr zu, und ein anderer besieht sich verlegen die Fingernägel.
Versteife dich nicht darauf, du müßtest ihnen alles erklären, weil es um die Wahrheit, um deinen guten Namen, um deine Ehre gehe. Laß das. Begreife: am wichtigsten ist doch, was Gott von dir denkt. Tu weiter das Deine.

18 WER SEINE HAND AN DEN PFLUG LEGT UND WIEDER ZURÜCKSCHAUT, IST FÜR DAS REICH GOTTES NICHT TAUGLICH. Beharre nicht ständig auf deinen Rech-

ten. Entschuldige dies nicht damit, es ginge dir nur um Gerechtigkeit. Denn du verwickelst dich nur in hoffnungslose Auseinandersetzungen.
Suche keine Rache – nicht nur mit Rücksicht auf die Nächstenliebe, sondern zuerst um deiner selbst willen. Es ist schade um dich. Um deine Energie, deine Zeit. Laß davon ab. Tu deine Arbeit, deine Pflicht.

Er rief zu sich, die er selbst wollte. Denke 19
nicht, daß deine Bekannten dich ständig im Munde führen. Es trifft nicht zu, daß die Vorgesetzten ständig über dich diskutieren. Täusche dich nicht, als seist du für die anderen so interessant.
Meist ist es so, daß die Menschen dich nicht sehen. Du existierst für sie nicht. Jene, die dich brauchen, nehmen dich flüchtig wahr. Von Zeit zu Zeit bemerken dich die, die dich nicht mögen.
Du existierst nur für deine Freunde, und selbst das nur in begrenztem Umfang. Aber auch das ist sehr viel.

Wenn eure Gerechtigkeit nicht grösser sein 20
wird als die der Pharisäer. Schwätz nicht soviel. Sprich nicht endlos, was du denkst, was du für richtig hältst, was du schon getan haben möchtest, welche Pläne und Absichten du hast, welche Hoffnungen,

Perspektiven und Chancen, womit du nicht einverstanden bist, wogegen du dich stemmst, was du nicht willst, wogegen du protestierst – all das in der ständigen Furcht, jemand könnte etwas sehr Wichtiges an dir übersehen; in der ständigen Angst, andere könnten dich in den Schatten stellen. Sprich nicht soviel. Schweig, denn sonst wirst du sein wie ein leerer Marktplatz, über den der Wind die Abfälle weht. Beruhige dich, damit du zu dir selbst zurückkehren, dich selbst finden kannst.

21 ICH BIN DAS LEBEN. Achte auf den Menschen, der zu sprechen beginnt: „Alles ist mir gleichgültig. Mich rührt nichts mehr. Mir liegt an nichts."
Achte auf dich selbst, wenn du zu sprechen anfängst: „Alles ist mir gleichgültig. Mich rührt nichts mehr. Mir liegt an nichts."
Wenn du siehst, daß alle Posten besetzt und alle Wege verbarrikadiert sind, daß es für dich keine Zukunft gibt – dann bleibe nicht allein im Zimmer. Faß keine Entschlüsse. Geh hinaus in die Welt, unter die Menschen oder in die Kirche – um das Leben zu suchen, das aus dir geflohen ist.

22 WEHE EUCH. Gibt es in deinem Wortschatz die Drohung: „Wehe euch"? Nicht für den Fall, daß man dir Unrecht getan oder daß dir jemand auf die

Hühneraugen getreten hat, sondern für den, daß du etwas Böses siehst, Ungerechtigkeit, Betrug, Mißachtung von Arbeit und Menschen, daß du dir fremdes Unrecht, fremden Mißerfolg, fremden Niedergang zu Herzen nimmst, daß du fremdes Unglück, fremde Erniedrigung, Verachtung nicht ertragen kannst.
Hast du in deinem Wortschatz das „Wehe euch"? – Oder nicht mehr?

WER DICH BITTET, DEM GIB. Zuerst einmal mußt du 23
Mensch sein, erst dann kannst du Beamter sein, Arbeiter, Lehrer, Priester oder Arzt. Denn wenn dein Beruf auch wichtig, ja ehrwürdig ist, so darf er doch dein Menschsein nicht überwuchern. Selbst wenn die Institution, in der du arbeitest, groß, bedeutend, ja heilig ist, darfst du nicht ihr Werkzeug werden. Wenn du dich sklavisch an ihre Vorschriften hältst, zerstörst du Menschen, statt ihnen zu dienen. Keine von ihnen kann dir die Verantwortung abnehmen, als Mensch zu handeln.

ER TRIEB ALLE ZUM TEMPEL HINAUS. Wenn Unehr- 24
lichkeit dich empört, dann zucke nicht resignierend mit den Achseln, sondern schlage mit der Faust auf den Tisch und protestiere. Wenn du nicht einverstanden bist mit dem, was man zu dir sagt, dann

mach keine höfliche Miene, sondern sage, was du darüber denkst; wenn du siehst, daß man nicht offen ist, dann lächle nicht ironisch, sondern sag es dem ins Gesicht, dem es gebührt: dem Freund, dem Chef, dem Bischof.
Du meinst, man wird nicht begeistert sein und du wirst deswegen Schwierigkeiten bekommen? Da wirst du wohl recht haben. Du willst es nicht tun? Es steht dir frei. Nur, nenne eine solche Haltung beim richtigen Namen und gib vor dir selbst zu, daß es Feigheit ist; versuche nicht, sie als christliche Liebe zu tarnen.

25 WEG VON MIR, SATAN. Die Übersetzer des Evangeliums haben diese Textstelle vielfältig zu deuten versucht. Aber immer kommt es auf die Verwünschung hinaus: „Weg von mir, Satan" – die Worte Jesu zu seinem ersten Jünger, der der Fels der Kirche sein sollte. Dabei wollte er doch nur sein Bestes. Er wollte ihn retten vor Qual und Tod am Kreuz. Er wollte, daß er weiterhin durch Palästina wandern, sich am kühlen Morgen und an der Hitze des Sommers freuen, daß er weiterhin die herrliche Lehre von der Liebe zu Gott und den Nächsten verkünden könne. Schließlich war es das, was die Menschen so nötig brauchten.
Bist du ein Christ? Bist du bereit, denen das gleiche zu sagen, die dich aufhalten wollen, damit du nicht zu weit gehst, und die dir ein bequemes Plätzchen

zeigen? Bist du bereit, das gleiche zu dir selbst zu sagen, wenn in dir die Versuchung aufkeimt zu Bequemlichkeit und Opportunismus?

DA FING ER AN ZU ZITTERN. Jeder Mensch fürchtet sich, nicht nur du. Sogar der Klügste, sogar der Selbstsicherste, sogar die Schönste – sie alle kennen ihre Schwächen. 26
Jeder Mensch fürchtet sich davor, sich zu kompromittieren, nicht nur du.
Und jeder, nicht nur du, steht vor der Aufgabe, die eigene Dummheit zu durchbrechen, die eigene Schüchternheit und Feigheit zu überwinden. Selbst wenn es dir scheint, als wärst du nie fähig, das zu begreifen, als würdest du es nie lernen.

SELIG, DIE FRIEDEN STIFTEN. Du fürchtest Vorgesetzte, Kollegen, Kolleginnen, Menschen von der Straße – daß sie dein Unwissen, deine Schwäche und Ratlosigkeit entdecken, daß sie dich auslachen und Macht über dich gewinnen. Daher diese defensive Haltung: Steifheit, Unnatürlichkeit, der Versuch, klüger und stärker zu erscheinen; daher der Angriff, der der Aggression zuvorkommen soll: die Schroffheit, der Spott, die Vernichtung des Gegners in seiner Abwesenheit – durch ein Gerücht, üble Nachrede und Verleumdung. 27

Aber du mußt wissen: auch sie fürchten dich. Sie haben Angst, daß du ihre geistigen Mängel, ihre körperlichen Schwächen und ihre Lächerlichkeiten entdeckst. Deshalb ihr künstliches Mienenspiel, die Strenge, die Ironie, die Intrigen.
Warum sich quälen? Versuche, dir die anderen vertraut zu machen. Überzeuge sie, daß du nicht die Absicht hast, ihnen Unrecht zu tun, daß du ihnen freundschaftlich gesonnen bist. Sei gut zu ihnen!

28 EINER TRAGE DES ANDEREN LAST. Auch wenn es dir schwerfällt, dich damit abzufinden, du mußt es hinnehmen: Es gibt nicht nur Menschen, die du nicht leiden kannst, sondern auch solche, die dich nicht sympathisch finden. Nicht allein du hast Menschen um dich, die du für flach und oberflächlich hältst, sondern andere schätzen dich ähnlich ein. Nicht nur du kennst Menschen, die dir zuwider sind, da sind auch solche, die dich unausstehlich finden. Nicht allein du kannst auf Menschen zeigen, die du für unmoralisch hältst; es gibt auch solche, die tief überzeugt sind, daß du unehrlich bist.
Und was das traurigste ist: Zumindest teilweise sind sie im Recht.

März

Auf dem Kreuzweg Jesus begegnen

KREUZIGE IHN. Jesu Opfer – das ist sein Leben. Ein Leben in Freiheit. Das Leben eines Menschen, der es geschafft hat, sich von inneren Zwängen, von äußerem Druck frei zu machen, der in Einklang mit seinem Gewissen gedacht, gesprochen, gehandelt hat. Er sah die Fehler und Verzerrungen und stand auf zur Verteidigung des Menschen im Namen von WAHRHEIT und GERECHTIGKEIT. Jesu Kreuz ist nur die Konsequenz eines solchen Lebens. *1*

BEKENNER DES GEKREUZIGTEN. Wir sind Bekenner Jesu Christi – dieses Gekreuzigten. *2*
Wenn es so ist, dann wundere dich nicht, daß der Herrgott dir keine Engelscharen zu Hilfe schickt, die deine Feinde zuschanden machen. Denn auch ihm hat er sie nicht geschickt. Erwarte nicht, daß es dir wegen deines ehrlichen Lebens, deiner täglichen Ar-

beit und Aufopferung gut gehen wird. Denke nicht, er wird, weil du in die Kirche gehst und betest, dafür sorgen, daß du lange und bequem lebst.
Wir sind Bekenner Jesu Christi – des Gekreuzigten.

3 DIE IHR MÜHSELIG UND BELADEN SEID. Irgendwo in der Tiefe deiner Seele hast du geglaubt, daß deine Sonntage stets sonnig sein werden, daß deine Winter schneereich sind und in deinen Sommern der blaue Himmel lacht. Und daß du deine Begabungen wirst entfalten können, ohne Hindernisse, zum Wohle der Menschen. Indessen vergehen deine Jahre damit, daß du in Labyrinthen umherirrst, dich aufreibst im Kampf um eine Wohnung, um Kleidung, ums Essen, um eine Stellung.
Irgendwo in der Tiefe deiner Seele vertrautest du darauf: Wenn du den Menschen nur ein bißchen guten Willen zeigst, ein wenig Herzlichkeit und Freundschaft, dann wirst du sie für dich einnehmen. Aber nein, du mußt immerfort gegen die Dummheit deiner Umgebung anrennen, dich durch Boshaftigkeiten hindurchkämpfen und, mit wandelndem Glück, über Fallen springen, die man dir gestellt hat.
So ist dir nichts erspart geblieben. Du mußtest alles durchmachen, was nur ein Mensch durchmachen kann. Und du weißt schon: Wenn dich etwas noch nicht getroffen hat, so wird es dich sicher treffen.
Irgendwo in der Tiefe der Seele hast du gedacht, daß

nur Er ein solches Leben haben mußte, das gespickt war mit der Heuchelei, der Dummheit, dem Haß seiner Feinde.

DER JÜNGER STEHT NICHT ÜBER DEM MEISTER. 4
Nicht nur sein Leben war so. Jedes Leben ist so. Auch deines. Auch du hast Perioden des Erfolgs, wo du von der Anerkennung und Bewunderung vieler Freunde umgeben bist. Aber es kommen Perioden des Mißerfolgs und der Niederlage, in denen die einen Freunde dich verraten, andere dich verleugnen – und du allein bleibst. Man wird ungerecht über dich urteilen. Dich als Narren behandeln. Du trägst dein Kreuz inmitten von Unverständnis und Verachtung, gejagt wie ein Tier. Du fällst, stehst auf, angetrieben von Zurufen und Geschrei.
Nicht nur er ging so unter dem Kreuz. Auch du.

JEDER, DER AUS DER WAHRHEIT KOMMT, HÖRT AUF 5
MEINE STIMME. Jesus starb für die Wahrheit. Nur wer so spricht, wie er denkt, ist sein Jünger, auch wenn er das nicht in seinem Namen tut, ja, selbst wenn er sich überhaupt nicht zu ihm bekennt. Jener, der nicht den Mut hat, die Wahrheit zu sagen, ist nicht sein Jünger. Auch wenn er sich dafür hält.

6 UND IHR WERDET AUFERSTEHEN. Vielleicht fällst du. Vielleicht verspielst du, gerade weil du dein Leben nach Jesu Vorbild verwirklichen willst: Deine Selbstlosigkeit wird von anderen ausgenutzt; deine Rechtschaffenheit von niemandem beachtet; deine Verdienste werden von niemandem ausgezeichnet; du machst nicht das große Geld. Man wird dir den Stempel eines Phantasten, eines naiven, lebensfremden, unpraktischen Menschen aufdrücken.
Vielleicht fällst du. Vielleicht verspielst du. Aber so wie er verspielt hat, so wie er gefallen ist.

7 ER TRUG SEIN KREUZ. Am leichtesten fällt es, das Kreuz auf den Schultern Jesu zu erblicken. Schwieriger ist es schon beim Kreuz des Nächsten. Am schwierigsten aber ist es, das eigene Kreuz zu sehen. Zu sehen und zu glauben, es könne unsere Rettung sein.

8 ER WIRD AUFERSTEHEN. Wo sind die Palmen in unseren Händen? Wo das „Hosanna“ auf unseren Lippen? Aber vielleicht schaust du von einem sicheren Winkel aus voller Unruhe auf den triumphalen Einzug Jesu in Jerusalem. Und vielleicht siehst du die Tragödie schon voraus und dämpfst die Begeisterung der anderen.
Vertraust du ihm? Glaubst du, daß er recht hat? Bist

du überzeugt, daß dieser sein Weg richtig und ehrlich ist; daß die Menschheit immer auf diesen Weg zurückkehrt, daß Jesus immer auferstehen wird? Wenn es so ist, wozu verbirgst du dich dann, weshalb bist du dann so entsetzt, so mißtrauisch, so ungläubig. Aber vielleicht glaubst du ganz einfach nicht an ihn?

DAMIT ER ES JESUS NACHTRAGE. Letzten Endes kehrst du immer zum Kreuzweg zurück. 9
Vor dem Leiden schützt sich auch die größte Liebe nicht, nicht die tiefste Geborgenheit, nicht die schönste Erholung. Es kann kommen im Augenblick höchsten Glücks. Plötzlich, wie eine Windbö.
Letzten Endes kehrst du immer zum Kreuzweg zurück. Aber hier begegnest du Jesus, der dort mit seinem Kreuz geht.

ICH BIN EIN KÖNIG. Es war nicht Pilatus, der Jesus verurteilte, auch wenn aller Anschein darauf deutete. 10
Es war Pilatus, der verurteilt wurde. Selbst als er das Urteil sprach. Jesus ließ es ihn mit den Worten wissen: „Der mich dir ausgeliefert hat, hat größere Schuld."
So war Jesus der König des Pilatus. Pilatus stand vor seinem König.
Mach dich nicht lächerlich, verurteile nicht den Herrgott. Verlange nicht von ihm, daß er sich vor dir

erklärt, weshalb er dir ein solches Leben gegeben hat, weshalb er dir Leid geschickt hat. Rebelliere nicht. Drohe nicht. Er ist dein König, er hat dich zum Leben berufen, ohne nach deiner Meinung zu fragen, er lenkt nach eigenem Willen, auch wenn dir scheint, es sei umgekehrt.
Er wird dich auch abberufen, ganz gleich, was du wünschst.
Mach dich nicht lächerlich. Verlange nicht, daß er erklärt, weshalb er die Welt so geschaffen hat und nicht anders, weshalb es so viel Leid auf dieser Erde gibt. Er ist der König der Welt. Er hat sie geschaffen, lenkt sie nach seinem Willen und beruft ab, wann er will.

11 MIT SCHWERTERN UND KNÜPPELN SEID IHR AUSGEZOGEN, UM MICH GEFANGENZUNEHMEN. Bekennst du dich zu einem solchen König: mit einer Krone, aber aus Dornen, auf einem Thron, aber einem Thron des Kreuzes? Zu einem König, der für die Wahrheit in den Tod gegangen ist, der im Sterben seinen Feinden verzieh?
Bekennst du dich zu einem solchen Jesus? Aber vielleicht hältst du diesen Zustand für vorläufig und willst lieber abwarten, bis er aufersteht und anfängt, Brot zu verteilen. Vielleicht bekennst du dich nur zu einem Jesus, der Brot verteilt.

Er hing neben ihm. Niemand wirft dir etwas vor, macht dir Vorhaltungen; nur Jesus hängt am Kreuz – und alles ist klar. Ohne Predigt. Er hängt nur da, und du wagst nicht, die Augen zu erheben und ihn anzuschauen. Denn du fühlst, daß du gemein, falsch bist, daß du andere belügst, daß du bequem, ordinär, sehr klein bist. 12

Er soll gekreuzigt werden. Wer rief: Kreuzige ihn? 13
Wo war da sein Freund Lazarus, wo der Jüngling von Nain mit seiner Mutter, wo die Aussätzigen, Gelähmten und Gebrechlichen, die er gesund gemacht hatte; wo waren die, die er mit Brot genährt hatte; wo jene Hunderte und Tausende, die ihm drei Jahre lang zugehört hatten, die ihm gefolgt waren, sich um ihn gedrängt und ihm keine Atempause gegönnt hatten; wo blieben diejenigen, die noch vor drei Tagen, als er in Jerusalem einzog, ihre Gewänder vor seinen Füßen ausgebreitet und Palmenzweige über ihn geworfen hatten?
Vielleicht riefen auch sie jetzt: Kreuzige ihn!

Und sollte er sich siebenmal am Tage gegen dich verfehlen. Wir, die Generation Kains. Wir können keinen Schritt machen, ohne etwas niederzutreten. Wir können nirgendwo die Hand hinlegen, 14

ohne jemanden zu zerdrücken. Wir können nicht geben, ohne zu nehmen. Wir können nicht lachen, ohne die Weinenden zu verletzen. Wir können nicht loben, ohne den Nichtgelobten Unrecht zu tun. – Wir können nicht lieben, ohne jenen Unrecht zu tun, die wir nicht lieben.
Dabei möchtest du doch gern hell und klar, mit reinen Händen, musterhaft und leuchtend dastehen. Und die geringste Kritik, der kleinste Vorwurf empören dich. Doch deine Hände sind schmutzig.

15 VOR DIESEM SÜNDIGEN GESCHLECHT. In uns schlummert Haß. Auf alle. Vor allem aber auf diese Stärkeren, Klügeren, Schnelleren, Jüngeren, Begabteren, Hübscheren, Mächtigeren, Reicheren. Und besonders auf jene, die mit uns im Konkurrenzkampf stehen, die uns bedrohen. Und besonders auf die, welche sich bei uns mißliebig gemacht haben: manchmal durch ein einziges Wort, einen Blick, eine Tat. Wenn uns schon Formen der Höflichkeit, äußere Rücksichtnahme, Vorschriften, gesellschaftliche Institutionen, zu denen wir gehören, und soziale Bande zurückhalten, so lassen wir doch unseren Gefühlen Lauf durch ein Schimpfwort, eine Verleumdung, durch Boshaftigkeit, Verachtung, Geringschätzung.
In uns schlummert Haß. Und wenn du über ihn hinauszuwachsen vermagst, so durch die Gnade Gottes und deine heroische Selbstüberwindung.

WER ABER ZU SEINEM BRUDER SAGT: DU DUMMKOPF. Weißt du, daß du rasen kannst vor Wut: daß dein Charakter zerbricht, deine Prinzipien, deine Ideale, deine guten Gewohnheiten wie eine Seifenblase zerplatzen? Du hörst auf, deine Gedanken, Worte, Bewegungen zu beherrschen. Weggeschwemmt von einer Woge des Wahnsinns, richtest du die schrecklichsten Dummheiten an, schlägst die Menschen und verwundest sie. Vielleicht zerstörst du sogar dein Leben für immer. Und da hilft es nichts, wenn du bald darauf die Haare raufst, den Kopf an die Wand schlägst und sagst: „Wie konnte ich das tun.“ Für alles wird es zu spät sein. Du kannst nichts mehr zurückrufen, nichts mehr ändern. Nichts bringt den ursprünglichen Zustand zurück. 16

Weißt du, daß du rasen kannst vor Wut? Und wenn du es schon weißt, dann lerne, auf das Murren der Lawine zu hören, das in dir anschwillt, um sie anzuhalten, solange noch Zeit ist. Denn einen Augenblick später wird es für alles zu spät sein. Das gilt, ganz gleich, ob du noch ein Kind, ein junger oder schon ein alter Mensch bist.

KLEINGLÄUBIG. Ein kleinlicher Mensch ist aggressiv. Er verdächtigt alle, sie wollten ihn vernichten. Er ist ein Geflecht von inneren Verwundungen und Komplexen, von Anmaßung und Vorurteil. Es führt kein Weg zu ihm. Man kann ihn nicht einmal streicheln. Was immer du zu ihm sagst, wie immer 17

du dich ihm gegenüber verhältst, alles wird er als Angriff auf seine Person begreifen. Er hat sich ein einziges Ziel gesetzt: sich vor der Vernichtung zu bewahren.
Fürchte dich nicht. Niemand ist imstande, dich zu vernichten, wenn nur du es nicht willst.

18 Es wird zurückkehren zu euch. Alles Böse, das du begehst, wird letzten Endes auf dich zurückfallen. Der kleinste Fehler, Mangel, die kleinste Unehrlichkeit, das geringste von dir begangene Unrecht wird mit unbarmherziger Konsequenz, in vielfacher Stärke und in Situationen auf dich zurückschlagen, in denen du es am wenigsten erwartest.
Wenn etwas Tröstliches daran ist, so nur der Umstand, daß auch jede deiner guten Taten genauso auf dich zurückfallen wird.

19 Er zog fort. Wenn du es wüßtest. Wenn du wüßtest, daß du dich entfernst. Aber dir scheint, als gingest du vorwärts.
Wenn du wüßtest, daß du verschwenderisch bist, lügst, betrügst, Zeit vergeudest, unehrlich bist. Aber du denkst, du lebtest vernünftig, rational, besonnen.
Wenn du wüßtest, daß du Unrecht tust. Aber du verfügst über ein ganzes Bündel von Motiven, über ein exaktes System von Begründungen, die du dir nach

deinen Niederlagen, nach schmerzhaften Erfahrungen, nach Erfolgen und Siegen zurechtgelegt hast. Deshalb gib acht auf unruhige Schwingungen deines Gewissens, auf Warnsignale, die in dir aufleuchten. Es ist die einzige Chance zur Umkehr.

HABT IHR ALLES VERSTANDEN? SIE ANTWORTETEN IHM: JA. Du schaust auf deine Nächsten, auf ihr Verhalten, hörst auf das, was sie sagen – und es will dir nicht in den Kopf, wie sie sich noch für Christen halten können. Denn sie gehen über die wesentlichen Wahrheiten hinweg, nehmen nur deren Fragmente und interpretieren selbst die unterschiedlich. Verstehen sie überhaupt, worum es Jesus geht. 20
Und die Menschen schauen auf dich und wundern sich, wie du dich Christ nennen kannst. Die Menschen hören dir zu, schauen auf deine Taten und zweifeln, daß du etwas vom Evangelium verstehst. Dabei hören wir doch schon so viele Jahre Gottes Wort, empfangen es und nähren uns von ihm.

EUER LICHT. Du verschließt dich in dir; traust niemand mehr. Du bemühst dich, ganz allein dein Leben einzurichten, verläßt dich nur darauf, was du selber erledigen, vorbereiten und planen kannst. 21
Du liebst nicht mehr. Behauptest, es habe keinen Zweck, sich aufzuopfern oder für jemand um Ge-

rechtigkeit zu kämpfen. Du zitterst um deine Gesundheit, fürchtest um dein Geld, um deine Zeit. Du verzeihst nichts, läßt nichts ungeahndet.
Man sagt von dir, du seist ein Zyniker geworden, ein Egoist, und hättest dich verändert. In dir ist das Licht erloschen. Du bist leer. Die Argumente für oder gegen Gottes Existenz kümmern dich nicht, sie sind unwichtig für dich, denn er ist nicht mehr in dir.
Man sagt, du hättest dich verändert, du seist früher anders gewesen. Dir selbst kommen Erinnerungen an jene Tage, da du ein offenes, weites Leben führtest, da du für andere Zeit, Energie und Geld opfertest. Jetzt schaust du fast mit Mißtrauen auf jene Jahre zurück. Daß auch du einmal so leben konntest? Damals war Licht in dir.

22 WER VON EUCH OHNE SÜNDE IST. Alle sind wir Sünder. Weshalb also greifst du nach dem Stein, wenn du die Sünde bei einem anderen siehst? Weshalb also dieser Eifer, diese Empörung, diese selbstgerechte Intoleranz? Es hat sich doch nur so gefügt, daß seine Sünde offenbar wurde und die deine im verborgenen blieb. Schließlich weißt du ja nicht, ob seine Sünden größer sind oder deine, denn du weißt nicht, wieviel er erhalten hat und wieviel du. Alle sind wir Sünder. Jeder von uns. Weshalb also willst du steinigen? Weshalb gibst du dem anderen keine Chance? Weshalb versuchst du zu töten?
Vielleicht tust du das noch im Namen der Wahrheit oder der christlichen Liebe?

Sie lauern dir auf, um dich zu töten. Heb den 23
Stein nicht auf, den man auf dich geworfen hat. Nimm ihn nicht in die Hand. Denn du wirst dich am Haß anstecken. Blitzartig wird er sich in dir ausbreiten, dich besitzen, dich zerfressen wie ein Krebsgeschwulst. Bald wirst du deinen Feinden gleichen. Nicht sie sind es, die dich töten, du selbst bringst dich um.
Bücke dich nicht nach dem Stein, den man auf dich geworfen hat. Geh weiter.

Ihr könnt nicht Gott dienen und dem Mam- 24
mon. Verkauf dich nicht um den Mammon. Verkauf nicht deine innigsten Erlebnisse, deine größten Geheimnisse, die tiefsten Überzeugungen; verkauf nicht deine Freunde – um den Mammon des Erfolges, der Anerkennung, der Bewunderung, des höheren Postens.
Denn am Ende wird sich zeigen, daß du nichts gewonnen hast – sondern alles verloren.

Wie auch wir vergeben. Wie unbarmherzig sind 25
wir gegenüber unseren Nächsten. Wir wollen sie ständig über unseren Leisten schlagen. Dabei müssen wir doch den anderen Menschen so annehmen, wie er ist, zusammen mit allen seinen Fehlern. Selbst wenn er sich dir gegenüber eine Unredlichkeit zu-

schulden kommen ließ. Verzeihen heißt nicht vergessen. Das ist unmöglich. Verzeihen heißt: ihn mit diesen Sünden annehmen, die er an dir begangen hat. Und sich dann entschließen, zusammen mit ihm weiterzugehen.

26 Er schlug an seine Brust. Prüfe dich, wenn du etwas Böses tun willst, denn dann wirst du eiligst Argumente sammeln, die dein Tun rechtfertigen sollen – aus Angst, du müßtest dir selbst etwas wegnehmen, was du so gern hast, oder aus Angst, man könnte dir etwas entreißen, was du errungen hast, oder aus Panik vor den Konsequenzen, wie Verlust von Stellung, Geld und gutem Namen.
Sei dann rücksichtslos gegen dich. Nenn Lüge – Lüge, Betrug – Betrug, Diebstahl – Diebstahl, Falschheit – Falschheit. Denn sonst wirst du verlogen, und du verlierst den Boden unter den Füßen. Schließlich wird all das gut sein, was du willst, und schlecht all das, was du nicht willst.

27 Und sie werden keinen Stein auf dem anderen lassen. Vorbei ist die Zeit deiner großen Freundschaften. Freundschaften, die aus Begeisterung für die Welt, für den Menschen, für Gott erwachsen waren. Wie viele Freunde sind dir geblieben? Wie viele hast du für Geld, für einen höheren Rang, für einen

besseren Posten verhökert? Oder du hast sie einfach leichtsinnig aufgegeben. Jetzt hast du auch Menschen, die du Freunde nennst, aber die Beziehungen zwischen euch gestalten sich nach dem Prinzip harten Feilschens: ich gebe dir soviel, wie du mir gibst. Wo ist die Zeit deiner großen Freundschaften? Wie viele sind dir geblieben?
Hast du auch die Freundschaft mit Gott verloren?

ICH WILL: SEI REIN. Das sind unsere Aussätzigen – die Alkoholkranken, die vergammelten Talente, die gescheiterten Geister, die gefallenen Engel – unsere früheren Kameraden. Wir schauen mit Abneigung und Verachtung auf sie. Wir gehen ihnen aus dem Wege, um uns nicht anstecken zu lassen von ihrem Unglück. Aber sie sind doch unsere Opfer. Wir haben sie mit Hilfe unserer Kumpel, mit überlegten Schachzügen aus unserem Kreis gestoßen. Sie paßten nicht zu uns, sie hätten unsere Ruhe und Sicherheit bedrohen können. Man nahm ihnen die Möglichkeit, auf ihrem Gebiet tätig zu sein. Sie kamen nicht zu Wort. Sie wurden abgeschnitten von allen Kontakten. *28*
Du hast deinen Aussätzigen. Du schautest kaltblütig zu, wie er immer ungünstigere Arbeiten annahm, die er eine nach der anderen wieder verlor. Du schautest zu, wie er verfiel. Und jetzt schüttelst du den Kopf über das Schicksal eines Menschen, den du in diesen Zustand brachtest. Du – ein rechtschaffener

Mensch, ein verantwortungsvoller Mitarbeiter, ein geachteter Bürger.
Und dabei hätte es genügt, wenn du ihn berührt hättest. Doch vielleicht gibt es diese Chance noch jetzt?

29 Eure Obrigkeit. Es ist auch deine Schuld, daß deine Vorgesetzten so sind; es ist auch deine Schuld, daß sie nicht die Wahrheit über sich selbst noch über ihr Verhalten wissen. Denn zu tief verbeugst du dich vor ihnen, zu höflich bist du, zu viele schöne Worte hast du ihnen bei verschiedenen festlichen Anlässen gesagt, zu häufig nickst du bejahend, drückst deine Anerkennung aus und schmeichelst.
Also wundere dich nicht, daß sie weder dich noch andere ernst nehmen, wenn ihnen nur das zu Ohren kommt, was ihre Meinung bestätigt; daß sie es für ein erzieherisches Mittel halten, wenn sie dich und andere Untergebene demütigen. Also wundere dich nicht, daß sie nicht diskutieren, sondern nur Behauptungen aufstellen; daß sie nicht sprechen, sondern Reden halten; daß sie es sich abgewöhnt haben, zu danken und um Entschuldigung zu bitten; daß sie nicht leben, sondern ihr Leben zelebrieren; daß sie sich nicht normal verhalten.
Vergiß noch eines nicht: Nicht nur du hast Vorgesetzte, sondern auch du selber bist anderen vorgesetzt.

DAS WASSER, DAS ICH GEBEN WERDE, WIRD ZU EINER QUELLE VON WASSER, DAS INS EWIGE LEBEN SPRUDELT. Wie sich schützen vor dem Verlust der wertvollsten Gaben? Denn so leicht verwandeln wir einen Freund in einen Diener; unterjochen wir uns den, der uns sein Vertrauen geschenkt hat; machen wir aus der Liebe eines anderen zu uns eine Quelle der Beweihräucherung; mißbrauchen wir eine Berufung – den göttlichen Funken –, um uns ein bequemes, ruhiges Pöstchen zu schaffen; reduzieren wir das Christentum zu einem abstrakten System von Wahrheiten. 30

Wie verhüten, daß die Werte, die uns geschenkt sind, herabsinken zu Gewohnheiten, zu leeren Worten, zu hohlen Gesten?

WIE DICH SELBST. Sei gut zu dir. Habe nicht den Willen, in dir alles sofort zu verändern. Erwarte keine sofortigen Erfolge deiner Entschlüsse. Laß dich nicht nervös machen durch Mißerfolge. Werde nicht hysterisch, wenn du eine Dummheit begangen hast, strafe dich nicht zu streng, nötige dich nicht selbst. Sei fähig, Zeiten durch Warten zu überdauern, in denen dir der Kopf weh tut, in denen du traurig bist, wo du zu keiner Arbeit Lust hast, wo dich das Leben anekelt. Nutze die Perioden deiner guten Stimmungen, schaff Anreize für dein Tun, setz dir Belohnungen aus. Sei ein geduldiger Erzieher deiner selbst, so wie du es für andere zu sein versuchst. 31

Anderenfalls schließt du die Akte über dich mit der Feststellung, du seist gut, oder mit der ebenso unfruchtbaren Meinung, du seist schlecht.

April

Warum seid ihr so traurig?

WARUM SEID IHR TRAURIG? Dies ist wohl einer der I
schönsten Abschnitte des Evangeliums. Das breite Band des Weges, der wolkenlose Himmel, die Sonne und zwei langsam dahingehende Gestalten. Und dann die dritte Gestalt des Unbekannten. Ein Ereignis, das irgendwo am Tor eines Gasthauses zu Ende ging, als die Sonne versank und Kühle sich auf die Erde senkte.

Wir sind wie diese Jünger.

Wir folgten Jesus von Nazaret, als er mächtig war in Tat und Wort vor Gott und dem ganzen Volk. Aber plötzlich ist er gestorben. Also kehren wir in die Häuser zurück, um wieder ruhig unseren Garten zu bestellen und zu schauen, ob die Früchte reifen. Nur haben uns manche von unseren Frauen erschreckt, die vor Tagesanbruch am Grabe waren, sie hatten seinen Leib nicht gefunden, aber sie hatten Engel gesehen, die sagten: Er lebt. Und einige der Unsrigen sind zum Grabe gegangen und haben es so vorgefun-

den, wie die Frauen gesagt haben, aber ihn selbst fanden sie nicht.
So sehr erschreckt, bekümmert, ungläubig; so ausgelöscht, so traurig.
Es sei denn, wir erkennen ihn. Beim Brechen des Brotes.

2 Er ist auferstanden. Als du ein Kind warst, mußte der Himmel an Ostern phantastisch blau sein. Und es mußte viel Sonne geben und grünes Gras.
Auch wenn es kalt war, zog die Mutter ihre dünnsten Strümpfe an. Wenn der Vater mit dem Rasieren fertig war, strich er sich mit der Hand über die Wangen, lächelte in den Spiegel, sagte: „Na, so alt bin ich noch gar nicht", und band die schönste Krawatte um. Du gingst zur Kirche in deinem neuesten Anzug. Der Freund trug neue Schuhe, die Freundin einen neuen Frühjahrsmantel. Ungeduldig wartetst du, bis der Pfarrer endlich mit der Predigt zu Ende war, und du kehrtest heim zum Frühstück. Der Tisch war mit einem weißen Tuch gedeckt, in einer Vase standen Weidenkätzchen.
Die Mutter stellte einen großen Napfkuchen auf den Tisch. Vor dir eine Tasse mit dem besten Kaffee, wie du ihn nie außerhalb des Elternhauses zu trinken bekamst. Solche Erinnerungen sind dir vom Fest der Auferstehung des Herrn aus den Kinderjahren geblieben.
Und später, als du ein junger Mann warst, als dich das Leben hinaustrug und du an deine Kraft und

deine Erfolge glaubtest – da war es noch zu früh, um zu begreifen, was Auferstehung ist.
Aber stell dir vor, daß du einmal viele Jahre hinter dir hast. Es wird ein Ostern kommen mit einer blassen Sonne und einem ausgebleichten Himmel. Im Spiegel hat dich dein runzliges Gesicht mit dem grauen Bartwuchs erschreckt. Du hast die Wohnung nicht verlassen, denn du hast keine Kraft mehr dazu. Du stehst am Fenster und schaust, wie unter schmutzigen Schneeresten kleine Ströme von Wasser abfließen und wie das Gras schon grün zu werden beginnt. Die Knospen an den Kastanienzweigen blitzen. Auf den trockenen Platten des Gehsteigs spielen Kinder, genauso wie du vor gar nicht so langer Zeit.
Vielleicht wirst du dann verstehen, was Auferstehung ist.
Die Kraft des Christentums liegt auch darin, daß sie dir, daß sie jedem, der dem Zerfall entgegengeht, das Leben garantiert.

DA GING AUCH DER ANDERE JÜNGER, DER ZUERST 3
ANS GRAB GEKOMMEN WAR, HINEIN, SAH UND GLAUBTE. Wir sind es, die zusammen mit den Aposteln vom Grabe zurückkommen, das leer zurückgeblieben ist. Wir sind es, die zusammen mit den drei Frauen den Engel gesehen haben, der sagte: „Er ist nicht mehr hier; er ist auferstanden.“ Uns ist er im Garten erschienen, als wir ihn mit Maria Magdalena suchten. Zu uns hat er gesagt, daß wir ihn noch sehen werden.

4 DA KOMMT JESUS BEI VERSCHLOSSENEN TÜREN. Er wird zu jedem kommen. So wie er zu ihnen gekommen ist. Zu jedem. Ob er begraben, ungeliebt, vergessen ist oder erwartet wird – ob er in Freude oder Trauer lebt.
Er wird kommen, damit du ihn berühren kannst, damit du glauben kannst, daß du nicht vergeblich das Kreuz trägst, an deinen Wunden leidest und in der Einsamkeit bist. Daß all dies nicht vergeblich ist.

5 ER IST AUFERSTANDEN VON DEN TOTEN. Wie viele Male hat man dich schon begraben. Wie viele Male den Stein der Verleumdung über dich gewälzt. Wie viele Male hat man deine Abwesenheit besiegelt. Und du bist auferstanden. Es laufen Gerüchte um, man habe dich auf der Straße gesehen, wie du lächelnd einhergingst – wie früher, an den schönsten Tagen deines Erfolges und Ruhms. Die Menschen beginnen wieder, von dir mit Hochachtung zu sprechen, deine Klugheit und Ausdauer zu bewundern, deine Absichten richtig zu verstehen, deine Verdienste anzuerkennen. Und deine Feinde bekommen es mit der Angst zu tun, jene, die das Urteil über dich gesprochen, die dich gekreuzigt und begraben haben.
Denke nicht, das sei das letzte Mal. Man wird dich noch manches Mal begraben. Noch manches Mal wird man sich freuen über deinen Tod. Aber du wirst auferstehen. Ohne es selber glauben zu wollen, daß du dazu imstande bist, wirst du wieder umhergehen

und den Menschen begegnen, die wieder freundlich zu dir sind.
Denn die Wahrheit siegt immer. Denn die Gerechtigkeit ist ewig. Sofern du sie nicht verrätst, sofern du ihr immer dienst.

DAMIT EURE FREUDE VOLLKOMMEN WERDE. Es will 6
Abend werden, und der Tag hat sich schon geneigt. Denn wir sind schon zwanzig, dreißig, sechzig Jahre alt. Ständig tut es uns leid, daß schon so viele Jahre hinter uns liegen und wir den Augenblick nicht richtig zu schätzen wissen, den du uns gibst.
Wir bitten dich, lehre uns, Freude zu haben am Leben. Nein: nicht nur, uns nicht zu ärgern, sondern uns zu freuen. Immer. Unabhängig davon, wieviel Jahre Erfahrung schon hinter uns liegen, wieviel Kummer, Sorgen und täglichen Ärger wir auf dem Buckel haben.
Komm zu uns, die wir traurig durchs Leben gehen, wie zu den Jüngern, die nach Emmaus unterwegs waren. Ruf uns zur Besinnung – wie sie. Mach, daß uns die Augen aufgehen, bevor es zu spät ist.

UND SEID IHR TRAURIG. Wir müssen schon jetzt ein 7
wenig Himmelfahrt erleben. Wir müssen schon jetzt ein wenig über der Erde gehen. Und wagend glauben und vertrauen, entgegen allen Voraussagen. Und

noch mehr lieben und uns freuen, auch wenn wir manchmal wenig Grund dazu haben.
Wir müssen schon jetzt ein wenig über der Erde gehen. Denn das ist, entgegen allem Schein, der einzige Schlüssel zum Leben. Hinter solchen Menschen werden sie in langen Prozessionen herziehen, werden wie Falter zum Feuer kommen, wie Bienen zum Honig – all jene Berechnenden, Gerechten und dabei so unerhört Traurigen. Um ein wenig sorglosen Glauben zu erfahren, ein wenig nichtberechnende Hoffnung, ein wenig Liebe, die nichts kostet – ein wenig Freude, ohne die man nicht leben kann.
Wir müssen schon jetzt ein wenig Himmelfahrt erleben.

8 Ich bin das lebendige Brot, das vom Himmel herabgekommen ist. Das war für ihn die wichtigste Zeit: die Zeit des Leidens und des Todes. In ihr bestimmte er sich selber: sein Verhältnis zu Gott, seinem Vater, und zu den Menschen.
Am Vorabend setzte er für uns das eucharistische Mahl ein. Indem wir sein Vermächtnis erfüllen, begegnen wir ihm in der heiligen Messe, um teilzuhaben an seinem Leiden und Sterben und daraus Kraft zu schöpfen für den Alltag; um die Menschen zu lieben, wie er sie geliebt hat; und auf daß unser Tod so endet wie sein Tod: mit der Auferstehung in Gott.

HERR, GIB UNS DIESES BROT. Von jenem Abendmahl ist uns der Altar geblieben – das Fragment eines Tisches, die Oblate und ein wenig Wein. Aber das ist sein Festmahl, zu dem er uns eingeladen hat: sein Brot, sein Wein – sein Leben. Und er will, daß wir an diesem Leben teilhaben. 9

Von jenem Abendmahl ist uns der Altar geblieben – das Fragment eines Tisches, die Oblate, ein wenig Wein. Aber das sind unsere Gaben, die wir zu ihm gebracht haben, damit er sie annehme und als die Seinen ansehe – damit unser Leben seinem Leben ähnlich werde.

IM TEMPEL. Wie weit sind wir, die wir an der heiligen Messe teilnehmen, vom Glauben der Apostel im Abendmahlssaal entfernt. Wie oft gehen wir am Sonntag zur Kirche, getrieben von Tradition und Gewohnheit. Und dann taucht die Frage auf: Soll, ja darf man so, in diesem Zustand zur heiligen Messe gehen? Lohnt das überhaupt? 10

Ja. Denn selbst wenn wir erst beim soundsovielten Male von dort irgendeine Zuversicht, einen Gedanken, eine Überzeugung mit nach Hause nehmen, die uns vom Bösen zurückhält, uns den Weg weist, uns unsere Kleinheit überwinden hilft – so lohnt es schon.

11 DIES IST DAS BROT, DAS VOM HIMMEL HERABGEKOMMEN IST. Wir, die wir uns immer mehr unserer Verlorenheit an den Tod bewußt sind; wir, die wir so gierig nach dem Leben greifen – wir gehen jeden Sonntag zum Tisch des Herrn. Zum Tische dessen, der gestorben, aber auferstanden ist, der gesagt hat, er sei das Leben; und daß, wer an ihn glaubt, leben wird, auch wenn er stirbt.

12 DIE WAHRHEIT WIRD EUCH FREI MACHEN. Nimm den anderen Menschen ernst. Hüte dich vor Gefühlsduselei wie vor Geringschätzung; vor Überschwang wie vor Ironie; vor leichtfertiger Entschuldigung wie vor schroffer Kritik; vor Nachsichtigkeit wie vor Entrüstung. Nimm den anderen Menschen selbst dann ernst – ja besonders dann –, wenn er dich zu etwas ganz Entgegengesetztem zu provozieren scheint.
Nur so kannst du ihm helfen, daß er sich in der Wahrheit sieht.

13 ER ERLIESS IHM DIE SCHULD. Du kannst dein Zusammenleben mit den Menschen nicht nur auf das Prinzip der Gerechtigkeit gründen: soviel hast du ihnen gegeben, und soviel sind sie dir schuldig. Du

mußt etwas als Verlust abziehen, mußt einiges erlassen, auch wenn du dafür keine Dankesworte hörst.
Denke nicht, daß nur du so handelst. Schau dich um: Andere neben dir tun das gleiche.

RICHTET NICHT. Du weißt gar nicht, warum ein Mensch so gehandelt hat. Vielleicht hat ihn etwas bedrückt, vielleicht hatte er irgendwelchen Kummer. Aber selbst wenn er in normaler Verfassung war, dann kennst du doch nicht die Motive, von denen er sich leiten ließ. Du unterschiebst ihm eines von denen, die – deiner Logik zufolge – ihn leiten mußten. Aus diesem Grund hat dein Urteil nur wenig Aussicht, wahr zu sein. 14

WER ZU SEINEM BRUDER SAGT »DU GOTTLOSER«, WIRD DEM FEUER DER HÖLLE VERFALLEN. Kämpfe mit dem anderen, wenn es nötig ist, aber töte ihn nicht. Lerne, mit ihm zu diskutieren, ihm zu widersprechen, aber verachte ihn nicht. Versuche, niemand zu beweisen, daß er sich unnötig zu Wort meldet, weil er sich in nichts auskenne und sicher nichts Wichtiges noch Interessantes zu sagen habe, das heißt, daß er nichts weiß und ein Nichts ist. Erstens ist es nicht die Wahrheit. Zweitens würdest du ihn, ließe er sich das einreden, in Verzweiflung stoßen. 15

Hüte dich, zu glauben, alles Kluge, Wichtige und Interessante sei von Klügeren als dir gesagt worden. Dir bleibe nur übrig, goldene Gedanken und entdeckte Wahrheiten wiederzukäuen. Wenn du das denkst, tötest du alles Schöpferische in dir. Dein Menschsein wäre in Gefahr.

16 ER BEUGTE SICH ÜBER IHN. Gib niemals einem anderen zu verstehen, du hättest aufgehört, ihn für den zu halten, der zu sein er mit allem seinem guten Willen sich bemüht. Damit könntest du bewirken, daß er den Sinn seiner Bemühungen nicht mehr einsieht – und resigniert.
Gib nie einem anderen zu verstehen, du hieltest ihn für einen schlechten Menschen. Selbst wenn er deine Meinung für falsch hält, kann es ihn doch entwaffnen und damit Sperren in ihm öffnen, mit denen er sich vor dem Bösen sichert.

17 DURCH DEN DAS ÄRGERNIS KOMMT. Weshalb sind unsere Kinder so? Woher kommen soviel Pflichtvergessenheit, Unsauberkeit, Geringschätzung, Gleichgültigkeit, Verachtung, Selbstsucht, Gerissenheit, Egoismus und Grobheit bei ihnen? Woher diese Ausdrücke, diese Worte, dieser Ton? Woher kommt es, daß sie so brutal auf den Ergebnissen unserer Arbeit herumtreten, so unbekümmert unsere Ruhe stören?

Sage nicht: Das sind die Eltern. – Das sind wir alle! Das ist Bein von unserem Bein, Blut von unserem Blut. Es sind die Kinder unserer Gesellschaft. Wir tragen für sie Verantwortung.

AUF DASS IHR SÖHNE EURES VATERS SEID. Nicht nur das ist wichtig, was objektiv wahr ist, nicht nur die Frage, wer recht hat, sondern wichtig ist auch, daß ein anderer Mensch etwas für wahr hält, daß er zutiefst von etwas überzeugt ist und dementsprechend leben will. Darauf hat jeder ein selbstverständliches Recht, und du bist verpflichtet, dieses Recht zu achten. 18
Es ist die Grundlage jener Art von Gerechtigkeit, die Toleranz heißt.

UND WENN ER ES GEFUNDEN HAT, LEGT ER ES AUF SEINE SCHULTERN. Du lauschst und willst den eigenen Ohren nicht trauen. Du liest und glaubst den eigenen Augen nicht: Jener, der noch gestern unverantwortliche, unvertretbare Dinge verkündet hat, beginnt heute normal zu sprechen und zu schreiben. Also ein wankelmütiger Opportunist? 19
Vielleicht ist es einer von denen, die in letzter Stunde berufen wurden, vielleicht einer von denen, die Gott berührt hat und die sehend geworden sind; die er berührt hat und die plötzlich hörten. Vielleicht ist er ei-

nes der verlorenen Schafe, die er wiedergefunden hat.
Hoffentlich stehst du nicht in der Reihe der Pharisäer und Sadduzäer, die Jesus anklagen, weil er mit den Sündern und Zöllnern zu Tische sitzt.

20 EURE REDE SOLL SEIN: JA – JA, NEIN – NEIN. Was ist diese unsere Freiheit? Diese unsere Toleranz? Vielleicht ist es einfach nur die Angst, der Wahrheit ins Auge zu sehen; die Furcht, eine mannhafte Entscheidung mit all den möglichen schmerzhaften Konsequenzen zu treffen; der Versuch, sie auf den folgenden Tag zu verdrängen, danach wieder auf den nächsten – möglichst weit weg.
Was ist diese unsere Güte? Vielleicht nur Faulheit, die es verbietet, eine Sache restlos zu analysieren, zu klären.
Und so leben wir täglich mit diesen Menschen, denen wir die Wahrheit ins Gesicht hätten sagen müssen – und nicht gesagt haben. Wir stolpern über Stöße von Dingen, die unerledigt geblieben sind. Wir führen ein Scheinleben. Die Ablagerungen aus Unwahrheit, aus Halbwahrheit, Lüge wachsen. Wir werden wurmstichig, modern dahin in diesen ständigen Ausweichmanövern, in diesen ungelösten Problemen.
Bis die Verachtung vor dir selbst in dir immer größer wird, der Abscheu vor den Menschen in dir so sehr anschwillt, daß dir das Leben zum Ekel wird. Und du bist vor dir selber schuldig.

DEINE REDE. Sprich den Menschen an, der neben dir ist. Schweigen bleibt nur sehr kurze Zeit neutral. Schnell schlägt es um in Fremdheit, Feindseligkeit – bis hin zum Haß. Nur Schweigen gegenüber einem Freund kann nichts gefährden. 21

WEHE DER WELT UM DER ÄRGERNISSE WILLEN. Wir unverbesserlichen Individualisten: Wir halten es für eine Zumutung, neben uns einen uns gleichen Menschen zu sehen; wir wollen nicht einmal denken, wie sehr wir das Ergebnis vorangegangener Generationen sind; wir wollen nicht einmal wissen, daß mit unserem Tod nicht auch die ganze Welt zugrunde geht; wir wollen unseren persönlichen Wert wenigstens im Rahmen unserer Generation gerettet wissen; wir sind nicht imstande, zu einem anderen Menschen „Bruder“ zu sagen. 22

Ganz gleich, wie alt du bist, du gehst fort. Glaub daran, du bist nur ein Blatt am Baum, den man Menschheit nennt. Tu nicht so, als hörtest du nicht hinter dir die Schritte der neuen Generation – Schritte, die immer deutlicher werden. Sei dir bewußt, daß sie auf dich schaut. Sie wird so sein, wie du bist. Für diese Generation, die nach dir kommt, und alle folgenden bist du verantwortlich.

23 Wenn du willst. Zwinge niemanden zu etwas. Selbst wenn du dir ganz sicher bist. Selbst im Falle eines Übels, das jemandem droht. Selbst im Falle einer guten Sache, die großen Nutzen bringt. Mache niemanden mit Gewalt glücklich. Denn jeder hat ein Recht, Mensch zu sein. Und nur die freie Entscheidung bestimmt den Menschen. Nur sie ist es, durch die er Mensch wird.

24 Wenn du hier gewesen wärest, wäre mein Bruder nicht gestorben. Bis es geschieht. Dann geht ein entrüstetes Geifern los, man schüttelt die Köpfe, verkostet jede Einzelheit. Dabei erweist es sich, daß dies ja ein langer Prozeß war, der sich immer mehr zuspitzte. Seit langem hatte man beim Kaffee davon geflüstert, Gespräche am Telefon wurden plötzlich unterbrochen, man raunte sich zu, wie die Gefahr für ihn immer größer wurde.
Aber niemanden gab es, der geholfen hätte.
„Ich war hungrig, und ihr gabt mir nicht zu essen, ich war durstig, und ihr reichtet mir nicht zu trinken."

25 Ich bin nicht wert, seine Schuhriemen zu lösen. „Nehmen Sie diese Tropfen vor dem Schlafengehen und dieses Pulver dreimal täglich nach dem Essen; aber das wichtigste für Sie ist Ruhe. Am be-

sten wäre es, Sie könnten irgendwo hinausfahren, sich einmal trennen von Ihrer bisherigen Umgebung und alles vergessen ...!"
„Ich verschreibe Ihnen noch eine Packung dieser Spritzen, und wenn diese zu Ende sind, kommen Sie wieder. Aber bitte denken Sie daran: das hilft nur, wenn Sie sich nicht aufregen. Sie dürfen sich nicht ärgern, müssen ein wenig froher in die Welt schauen ..."
In vielen Todesanzeigen und auf Grabsteinen sollte statt „In unstillbarem Schmerz: Ehemann, Kinder, Enkel und Schwiegertochter", statt „Ehre seinem Gedenken", statt „Unserer über alles geliebten Mutter", statt „Die treuen Kollegen" stehen: „Ihre Kinder haben sie zu Tode geärgert", „Der Chef hat ihn fertiggemacht", „Die Gerüchte haben ihm den Rest gegeben".
Ich weiß nicht, ob er ein Heiliger ist, aber ich weiß: Er versteht es, eine Tür leise zu schließen.

SCHAFE UND WÖLFE. Nur in Krippenspielen gibt es einen bösen Herodes und gute Hirten. *26*
Hör dir die Worte von Eheleuten an, die auseinandergehen. Hör, was darüber die Schwiegermutter und was die Schwiegertochter sagt. Hör, wie Schüler über ihre Lehrer und Lehrer über ihre Schüler urteilen. Hör, welche Meinung Kinder von ihren Eltern haben und umgekehrt.
Als die eine Seite sprach, war die ganze Sache für dich

ohne Zweifel; alles war klar für dich – die Schuld der anderen Seite lag offen zutage. Als du die andere Seite hörtest, wußtest du gar nichts mehr.
Wärest du umgekehrt vorgegangen und hättest zuerst die andere Seite gehört, alles wäre ähnlich verlaufen.
Nur in den Krippenspielen gibt es einen bösen Herodes und gute Hirten. Wenn es um Mißverständnisse mit anderen Menschen geht, stell dich nur nicht in die Reihe der guten Hirten oder der Drei Weisen.

27 WIE AUCH WIR VERGEBEN. Man pflegt zu sagen: „Wenn du in ein Haus gehen willst, das von Hunden bewacht ist, wirf zuerst einen Knochen zwischen sie.“
Der Unterschied zwischen Mensch und Hund besteht darin, daß der Hund – sagen wir – eine halbe Stunde daran knabbern kann. Ein Mensch jedoch vermag ein ganzes Leben dabei zu bleiben. Manchmal handelt es sich um eine kritische Bemerkung, um eine erhöhte Miete, darum, wer im Haus die Treppe zu putzen hat, manchmal geht es um eine Sprosse in der beruflichen Karriere.
Ein Schiff, das zu einem weiten Weg aufgebrochen ist, sollte verschiedene Länder kennenlernen, Menschen unterschiedlicher Art und Hautfarbe, sollte Sonnenauf- und Sonnenuntergänge erleben, Tage der Stille und des Sturmes; doch gleich auf seiner Jungfernfahrt, dicht hinter dem Hafen, lief es auf

eine Sandbank. Und dort blieb es. Schief, über dem schmutzigen Wasser, das seine Bordwände überspült, schaut es auf die alten Häuser mit den unschönen Dächern, auf die Bäume, die rings darum verdorren.
Lerne verzeihen... Das heißt: vergiß.

WIE AUCH WIR VERGEBEN UNSERN SCHULDIGERN. 28
Kauf dem ewig brüllenden Gör von nebenan einen roten Lutscher. Der eingebildeten Hexe von gegenüber sag als erster „Guten Tag". Dem Hausmeister gib die Hand und frage ihn ohne jede Anzüglichkeit, wie er geschlafen hat. Dem Chef erzähl einen Witz. Der älteren Kollegin im Büro stell ein paar Blumen auf den Tisch. Die Schwiegermutter lad ins Kino ein. Der Schwiegertochter gib ein Lob, weil sie ein gutes Mittagessen bereitet hat. Dem Schwiegersohn wasch die Socken. Und noch eines: Schenk der nervös-gereizten Verkäuferin im Laden ein Lächeln. Ebenso dem schlampig angezogenen Schaffner in der Straßenbahn. Schenk ein Lächeln dem Polizisten an der Ecke. Ebenso dem häßlichen Kind, das auf dem Schulweg ist. Lächle für die alte Frau mit dem Hündchen.
Und vielleicht gibt Gott dir die Gnade, und es fällt dir wie Schuppen von den Augen: Du siehst um dich herum die Traurigen, Gequälten, Gebrochenen, Bedrückten. Vielleicht begreifst du sogar mehr: daß Ursache all dieser menschlichen Betrübnis die Ein-

samkeit ist. Und daß nur Gott diese Einsamkeit überwinden kann – und du, wenn du dich mit ihm vereinst und gut bist.

29 NUR EINER IST GUT: GOTT.
Wo endet Erholung und beginnt Trägheit?
Wo endet Standhaftigkeit und beginnt Starrsinn?
Wo endet Wahrheitsliebe und beginnt Naivität?
Wo endet Kritik und beginnt Boshaftigkeit?
Wo endet Loyalität und beginnt Kriechertum?
Wo endet Geradheit und beginnt Brutalität?
Wo endet Güte und beginnt Schwäche?
Das ist der Zwiespalt, der dein tägliches Brot ist.

30 ICH SCHENKE IHNEN DAS EWIGE LEBEN. Auch in der übernatürlichen Ordnung bilden wir ein geschlossenes System: Jemand muß für den Wahnwitz eines anderen leiden, jemand muß beten, damit ein Irrender sich bekehrt; durch jemandes Entsagung kommt die Gnade der Reue über den Sünder; unsere Heiligkeit beeinflußt die Heiligkeit anderer, unsere Sündhaftigkeit bestimmt mit, ob und inwieweit andere sündhaft werden. Erst in diesem System wird es möglich, den Sinn der strengen Klöster zu begreifen, die sich völlig dem Gebet und der Selbstentsagung hingeben. Erst dann findet jede gute Tat, sei sie auch von niemandem bemerkt, jeder gute Gedanke, jeder Akt göttlicher Liebe seinen wahrhaft sozialen Sinn.

Mai

Die Mutter meines Herrn

ER SAGTE ZU IHR: FRAU. So engelgleich, so sehr gesegnet, daß sie fast schon übermenschlich, unwirklich war. I
Und doch war sie ein einfacher Mensch. In der Glut der Sonne Palästinas, in einem gewöhnlichen Kleid, ein Gürtel umgebunden, ein Tuch auf dem Kopf. Sie kannte den Weg zur Quelle gut. Hunderte Male hatte sie ihn mit dem tönernen Krug zurückgelegt.
Sie war voll und ganz Mensch.
Die kleinen Steine stachen ihre bloßen Füße. Die Hände waren abgearbeitet vom Getreidemahlen, vom Graben in ausgedörrter Erde. Sie hatte sehr wohl kennengelernt, was enttäuschte Hoffnungen sind, was die Worte bedeuten: „Meine Gedanken sind nicht eure Gedanken, und eure Wege sind nicht meine Wege."
Als sie Christus empfangen hatte, als in ihr wahr geworden, wovon alle jüdischen Frauen träumten, wandte sie sich mit ihrer ganzen Seele dem zu, der in

ihr Wohnung genommen hatte. Sie liebte ihn mit der Frische ihres Mädchenherzens. An ihn dachte sie beim Graben, beim Spülen des Geschirrs, beim Waschen. Für ihn sang sie. Über ihn freute sie sich. Sie wußte, wie seine Zukunft würde. Wußte, was ihn erwartete.

Und sie erträumte sich ihre Rolle in seinem Leben: wenn die Menschen sich von ihm abwandten, würde sie ihm Zuflucht sein, Rast auf seinen weiten Wanderungen – der Mensch, der ihn am besten verstünde.

Die Wirklichkeit sollte anders aussehen.

Zum ersten Mal kündigte sich dies an, als Jesus ihnen verlorenging. Sie hatte keine Schuld daran. Klar und deutlich sagte sie ihm: „Kind, warum hast du uns das getan. Siehe, dein Vater und ich suchen dich mit Schmerzen." Sie bekam eine Antwort, die sie befremden mußte:

„Wußtet ihr nicht, daß ich in dem sein muß, was meines Vaters ist?" Eine solche Antwort hatte sie nicht erwartet. Der Evangelist sollte später schreiben: „Und sie verstanden das Wort nicht, das er zu ihnen sprach." Sie sahen eine Mauer aufgerichtet zwischen dem Sohn und sich. Er verfügte über eine andere Welt, zu der sie keinen Zugang hatten.

Dreißig Jahre: Jesus ging aus dem Hause, um zu lehren.

Er ging fort und kehrte nie zurück. In den Evangelien finden wir nichts darüber, daß Jesus während seines dreijährigen Lehrens und Predigens sein Vaterhaus aufgesucht hätte.

Doch die heilige Mutter wartete. Vielleicht würde er kommen?
Er mußte kommen. Schließlich wußte er doch, daß sie wartete. Und wenn er nicht kam, weshalb?
Monate gingen ins Land. Wolken des Hasses, mit dem die Pharisäer Jesus verfolgten, türmten sich über ihm auf. Schlechte Nachrichten drangen an ihr Ohr. Mehr oder weniger wohlwollende Menschen trugen sie ihr zu. Sie berichteten ihr auch von Verleumdungen, die die Pharisäer über Jesus verbreiteten. Die Feinde suchten einen Vorwand, um ihn zum Tode zu verurteilen, zumindest aber um ihn einzukerkern. In ganz Palästina kannte man ihre Fangfragen und die schlagenden Antworten, die Jesus gab.
Wie sehr wünschte sie doch, daß er käme, sich ausruhte, daß er ihr von seinem Leben erzählte; daß er zumindest käme, auch ohne ein Wort zu sprechen; daß er nur käme und sich hinsetzte.
Aber Jesus kam nicht.
Da machte sie sich auf den Weg zu ihm.
Er war in irgendeinem Hause und führte einen Disput mit Pharisäern.
Sie kamen und sagten, daß seine Mutter vor dem Hause warten würde.
Aber Jesus ging nicht hinaus.
Und da geschah es wohl, daß ihr etwas aufging. Sie begriff, daß ihr Weg ein anderer war. Er wollte in ihr keine Stütze, keine Erholung in seinem Leiden finden. Er wollte selber leiden. Selber den bitteren Kelch bis zur Neige trinken. Sie konnte nur von ferne beobachten und mitfühlen. Gott hatte einen anderen Weg

für sie bestimmt, nicht jenen, den sie sich in der Jugend erträumt hatte. Sie verstand und nahm diesen Weg an, auch wenn es sie viel Überwindung kosten mußte. Wir sehen sie bei Annas, Kaiphas und Pilatus nicht mehr neben Jesus. Einmal begegneten ihre Augen einander auf dem Kreuzweg. Schließlich stand sie unter dem Kreuz, und selbst da noch vernahm sie das Wort, das sie so gar nicht von ihm hören mochte: Frau.

2 IHR SOHN. ‚Schon wieder kommen sie.' Sie erschauerte. Schon drängten sie sich als schwätzender Haufe am Haupteingang. Sie erstarrte innerlich, als jene nach boshaften Grüßen für die „Mutter des großen Meisters von Nazaret" damit begannen, nach seinem Leben Fragen zu stellen. Was er getan habe? Und – das war die Hauptsache – was er gesagt habe? Sie war entsetzt über den Haß dieser Menschen. Sie wußte, daß sie so wenig wie möglich sagen, am besten schweigen müßte. Mit unbarmherzigen Augen schauten sie auf den Platz, wo er gearbeitet, durchsuchten seine Sachen, tauschten zweideutige Bemerkungen. Und sie zitierten Sätze, die er gelehrt hatte. Sie schäumten vor Bosheit. Und drohten mit den Fäusten vor ihrem Gesicht. Daß sie ihn so erzogen habe. Daß sie eine solche Mutter sei. Und schließlich redeten sie ihr zu, sie solle Einfluß auf ihn nehmen, denn er sei sich nicht bewußt, was ihm drohe. Es sei schade um ihn, denn er habe Talent. Sie hätten ihn

in der Hand. Aber aus Mitleid mit ihr wollten sie ihn nicht vernichten. Und dann gingen sie. Zurück blieb tiefe Stille, ein dumpfer Schmerz in der Brust und die Gewißheit, daß sie wiederkämen, daß sie ihr keine Ruhe ließen. Danach kamen sie schon, um ihn zu holen. Ihr Klopfen an der Tür riß sie aus tiefem Schlaf. Der rote Schein der Fackeln brannte ihre Augen. Sie stürzten ins Zimmer. Einer blieb bei ihr, die anderen durchwühlten die Wohnung, und als sie ihn, wie stets, nicht gefunden hatten, fragten sie, wo er sei. Sie wollten nicht glauben, daß er wirklich nicht hier sei, schon lange nicht mehr. Und daß sie wirklich nicht wüßte, wo er wäre. Beim Hinausgehen beschimpften sie sie. Vielleicht ließ Gott es nicht zu, daß einer sie sogar schlug.

Wenn sie durch die Straßen von Nazaret ging – dieses Nazarets, das nach einer Ansprache Jesu in der Synagoge ihn töten wollte –, dann drangen Geflüster, Bemerkungen, Schreie an ihr Ohr. Aufdringliche Blicke wollten sie zwingen, die Augen zu heben, wollten ihre Angst, ihre Trauer oder ihren Zorn sehen. Sie fühlte sich allein, umgeben von Verachtung. Sie folgte ihm nach Jerusalem. Sie war ihm nahe, als er starb. Und dann war sie wieder allein. Und wieder ähnliches Geflüster und ähnliche Blicke: „Das ist die Mutter jenes Verbrechers, den man auf Golgota gekreuzigt hat." „Der Sohn dieses Zimmermanns aus Nazaret, der das jüdische Volk aufgehetzt hat."

Die Freude der Auferstehung wurde dadurch überschattet, daß die anderen sie belauerten und versuchten: „Warum gehst du nicht zum Grab deines

Sohnes? Er ist nicht da? Er ist auferstanden? Sag bitte, wo ihr ihn versteckt habt!"
Vielleicht ließ Gott nicht zu, daß jemand von denen, die sie verhöhnten, sie sogar anspuckte. Danach gingen fast alle Apostel auseinander. Petrus und Johannes waren verfolgt, wurden vor den Sanhedrin geladen, waren ständig in Gefahr und zeigten sich fast nie. Nur manchmal, wenn es dunkel wurde und man ungesehen durch die Straßen hasten konnte, kamen zu ihr jene, die ihn geliebt hatten, und baten: „Erzähle uns von ihm."
Woher wir das alles wissen? Wo wir das alles gehört haben? Diese Schritte vor dem Haus, dieses Pochen an der Tür, dieses Ausfragen nach dem Sohn, dieses Schreien, Schlagen und Quälen? Weshalb ist sie uns jetzt so nahe? Weil sie das durchgemacht hat, was unsere Mütter erleben mußten.

3 SEINE MUTTER. Sie ging, den blauen Himmel über sich, ringsum die grünen Hügel und unter den Füßen den Staub des Weges. Auf ihren Armen das Kind. Zum ersten Mal öffentlich, vor allem Volk. Glück und Entzücken, wie es nur Mütter kennen.
Bald wird Simeon ihr das Leiden vorhersagen. Das wird ihr erster Schmerz, das erste Schwert sein, das wegen des Sohnes auf sie niederfällt. Danach folgen andere. Die unverständliche Äußerung des Zwölfjährigen: „Warum habt ihr mich gesucht, wußtet ihr nicht, daß ich in dem sein muß, was meines Vaters

ist?" Worte, die die vor Unruhe und Vorwurf zitternde Frage zum Schweigen brachten: „Kind, warum hast du uns das getan?" Und später die fremden, zu Kana in Galiläa gesprochenen Worte, die so schwer zu akzeptieren waren: „Frau, meine Stunde ist noch nicht gekommen." Zum letztenmal hörte sie dieses „Frau" unter dem Kreuz.
Aber es ist ihr Sohn. Trotz allem, selbst wenn noch hundertmal Schmerzhafteres geschehen wäre, wenn er sich noch weiter entfernt hätte – es ist ihr Sohn. Sie ist seine Mutter.

UND NAHM ES IN DIE ARME. Wenn die Wölfe bis vor die Bauernhöfe kamen, wenn ein Gewitter über den Häusern tobte, befahlen sich unsere Vorfahren unter die Obhut der Gottesmutter und zündeten Kerzen an. 4
Uns drohen keine Wölfe mehr.
Es sind nicht mehr Wölfe, die uns bedrohen.
Uns bedrohen keine Blitze mehr.
Es sind nicht mehr Blitze, die uns bedrohen.
An Maria Lichtmeß bitten wir darum, daß sie uns in ihre Obhut nimmt. In die Obhut vor Menschen, die böser sind als Wölfe, vor Unglück, das überraschender kommt als der Blitz.

5 Er nahm es in seine Arme. So viele Wege, Straßen, Richtungen, Schilder, Losungen, Transparente, Lichter, Leuchtbuchstaben, so viel Lärm, Überredungsversuche, Aufforderungen, Befehle, Bitten. So viele Sterne.

Du aber – gestoßen von den in Panik hin und her eilenden Menschen – hältst Jesus eng an dich gedrückt, an dein Herz, wie seine Mutter es tat, als sie mit ihm durch die Menge zum Tempel schritt.

Laß dich nicht erschrecken, überschreien, ablenken, laß dich nicht irreführen. Laß ihn dir nicht aus den Händen stoßen. Dann kommst du ans Ziel.

6 Beim Kreuz Jesu stand seine Mutter. Die Mutter Jesu. Was war sie für eine Mutter? Sie wußte doch – genauso gut wie alle anderen in Palästina –, was ihm drohte. Allen waren seine Wortgefechte mit den Pharisäern, mit den Sadduzäern bekannt. Sie wußte – denn das Gerücht ging von Mund zu Mund –, daß sie ihm nach dem Leben trachteten, daß sie nach einem Zeugnis suchten, „um ihn dem Tod überliefern zu können". Sie war sich doch klar darüber, daß er keine Chancen für einen Sieg hatte und daß so ein Weg nur im Tod enden könnte. Weshalb ging sie also nicht hin und flehte ihn an, er solle seine Gegner in Ruhe lassen? Er solle sie nicht angreifen, ihnen ihre Verbrechen nicht vorhalten, und wenn sie ihn ansprechen, solle er einfach schweigen oder ausweichend antworten. Er solle über die Liebe sprechen,

aber in so allgemeiner Form, daß sie dadurch nicht gereizt würden. Er könnte weiter durch die Felder gehen, könnte mit seinen Jüngern zu nächtlichen Fischfängen hinausfahren, könnte an heißen Mittagen am Jakobsbrunnen sitzen und kühles Wasser trinken, er könnte Maria, Marta und Lazarus in Betanien besuchen und sich an ihrem Glück freuen.

Was war sie für eine Mutter? Warum kam sie nicht, als man ihn vor Gericht gestellt hatte? Warum kam sie nicht und versprach dem versammelten Sanhedrin, er werde nach Nazaret zurückkehren, er werde aufhören zu lehren und bis ans Ende seiner Tage als Zimmermann arbeiten. Damit er wieder mit seinen abgearbeiteten Händen die Haare aus der Stirn streichen, sein Brot in der Stille seines Hauses essen und mit den Freunden in der niederfallenden Dämmerung Gespräche führen könnte.

Was war sie für eine Mutter? Warum kam sie nicht zu Pilatus, als dieser über ihren Sohn das Todesurteil fällte, warum kam sie nicht, um eine Begnadigung zu erbitten. Daß er ihn zu lebenslanger Haft verurteilte – auf die Galeeren oder in die Steinbrüche; selbst in tiefster Schande und Not. Aber damit er wenigstens leben könnte.

Doch sie zog wortlos mit ihm, als er das Kreuz trug, sie stand tatenlos da, als er starb.

Und deshalb ist sie nicht nur Jesu Mutter. Sondern sie ist die Mutter des Heilandes, des Erlösers – sie ist unsere Mutter.

7 Er sprach zu dem Jünger: Dies ist deine Mutter. Wenn es dich stört, so sage zu ihr nicht „Königin“. Wenn es dir komisch vorkommt, dann sage nicht „Jungfrau“. Wenn es dir nichts bedeutet, so nenne sie nicht „Herrin“. Wenn du es nicht verstehst, so sage nicht „Gefäß des Heiligen Geistes“. Sag zu ihr „Du“ oder einfach „Maria“. Ganz wie du willst. Wenn sie für dich nur das ist, was sie sein muß: Mutter.

8 Gebenedeit ist die Frucht deines Leibes. In ihr huldigen wir jenen Frauen, die einen Teil ihres Lebens für einen anderen Menschen opfern: durchwachte Nächte, Sorge um die tägliche Mahlzeit, Windelwaschen, Angst bei jedem Husten und jedem Fieber; Tage voller Unrast, damit die Arbeit fertig wird; später Sorge um jeden selbständigen Schritt des jungen Menschen, der unbeholfen ins Leben tritt – bei allem die eigene Einsamkeit vor Augen.
In ihr huldigen wir den Frauen, die dem Wort „Liebe“ seinen ganzen Gehalt geben.

9 Dies ist dein Sohn. Wer will heute noch Mutter sein – ein Mensch, dessen Beruf es ist, sich aufzuopfern?
Ein Mädchen bleiben! Für immer, bis zum Tod. Selbst wenn Kinder da sind. Sollen doch der Kinder-

garten, die Schule, die Schwiegermutter, die Freunde, die Tanten, soll doch das Spielzeug sie erziehen. Hauptsache, sie sind nicht im Weg, stören nicht, engen nicht ein, fallen nicht lästig. Hauptsache, sie sind möglichst wenig daheim.
Und so ist uns dieses Wort „Mutter" entschwunden. Es ist verblaßt. Es ist uns verlorengegangen. Uns, die wir so hysterisch nach Liebe suchen.

MARIA, SEINE MUTTER. Was denkst du, wenn du auf sie schaust, wie sie betet bei ihrer Verkündigung, wie sie das Kind in den Armen hält, wie sie auf Golgota steht, wie sie seinen vom Kreuz genommenen Leichnam umfängt? 10
Worum bittest du sie, was bringst du ihr, was erhoffst du von ihr, worauf wartest du?
Du – im Alter von achtzehn, dreißig, fünfzig, siebzig Jahren.
Wie betest du zu ihr?

SIE FANDEN MARIA. An Gott glauben heißt auch an den Menschen glauben. Gott vertrauen heißt auch dem Menschen vertrauen. Gott lieben heißt auch den Menschen lieben. 11
Wie aber kann man dann *ihr* nicht glauben, *ihr* nicht vertrauen, wie einen solchen Menschen nicht lieben wie *sie*.

12 DER ZIMMERMANN VON NAZARET. Als du klein warst, wolltest du berühmt sein. Du wußtest noch nicht, aus welchem Grunde, aber du glaubtest, die Zeitungen würden von dir in großen Lettern berichten. Wartest du noch immer darauf? Ja, wir wollen, daß man uns beachtet, uns bittet, uns dankt; daß man uns erkennt und achtet. Im Evangelium sind viele Gestalten sehr deutlich geschildert. Über den heiligen Josef wissen wir wenig. Viele Worte sind nicht nur von den Aposteln, sondern auch von Pharisäern, Zöllnern und Sünderinnen überliefert. Von Josef kein einziges Wort.

Wir wissen nicht einmal, wann er starb.

Man hat ihn wenig beachtet.

Er wollte Maria verlassen, als er erkannte, daß sie schwanger war. Er blieb auf Weisung des Engels. Auf Weisung des Engels floh er mit Maria und dem Kind nach Ägypten. Auf Weisung des Engels kehrte er zurück nach Palästina.

Er unterwirft sich und gehorcht, auch wenn er nicht immer versteht, was der Zweck dieser Weisungen ist.

Er arbeitet, um Mutter und Sohn den Lebensunterhalt zu geben.

Ein Patron jener, die nicht in leitender Stellung sind, die im Verborgenen bleiben, die wir ebensowenig wahrnehmen wie die Luft und die wir dennoch brauchen.

DIE MUTTER MEINES HERRN. Sei uns Mutter. Mach uns zu deinen Kindern. 13
Mach, daß wir fähig sind, uns mit unserem Schicksal abzufinden, so wie du in der Stunde der Verkündigung; Not zu ertragen wie du, als du dein Kind im Stall gebarst; Demütigungen hinzunehmen wie du, als du nach Ägypten fliehen mußtest; Jesus zu suchen wie du im Tempel von Jerusalem; ihn zu bitten wie du in Kana, als der Wein bei der Hochzeitsfeier zu Ende ging; zu leiden wie du, als du unter dem Kreuz deines sterbenden Sohnes standest; zu beten wie du im Abendmahlssaal, als du gewartet hast auf das Kommen des Heiligen Geistes.
Wir bitten dich, mach uns zu deinen Kindern. Sei uns Mutter.

DIE FÜCHSE HABEN IHRE HÖHLEN. Der Mensch braucht ein Heim. Nicht: „besonders in der heutigen Zeit"; nicht: „mehr denn je". Immer. Seitdem der Mensch Mensch ist und solange er Mensch sein will. Nicht vier Wände, kein Hotel, kein Nachtlager, kein Quartier, sondern eine Quelle des Friedens, der Erholung, der Kraft, der Liebe – ein Heim. 14

DAS GRÖSSTE UND ERSTE GESETZ. Gott glauben – dem Menschen glauben. 15
Daß er kommen wird. Daß er dich nicht allein läßt, dich nicht verrät, dich nicht verkauft.

Dem Menschen glauben.
Und selbst wenn er dich verriete, selbst wenn er fortginge, selbst wenn er dir gegenüber unehrlich wäre, so mußt du doch immerfort an das Gute glauben, das in ihm dauert, das er selber ist, das ihn bestimmt.
Dem Menschen glauben.
Wenn du aufhörtest, dem Menschen zu glauben, wenn du alle Menschen um dich herum aus deinem Leben streichen würdest, dann wäre ein Glaube an Gott unmöglich.
Den Glauben an den Menschen verlieren heißt den Glauben an Gott verlieren.

16 Die Vögel haben ihre Nester. Man muß auf der Erdkarte seine Stadt finden. Im Gewirr der Straßen seinen Weg suchen. In der Menge bekannte Gesichter entdecken. Im Lärm die Stimme der Freunde erkennen. – Irgendwo sein Haus bauen!
Du mußt deine eigenen Lieblingsschriftsteller, deine Maler, Reporter, Ansager, Publizisten haben. Mußt deine Bücher und Zeitungen haben; deine Theater, deine Bilder in den Museen, deine Kinos, Cafés und Restaurants. – Damit die Welt vor dir nicht fremd, kalt und feindlich dasteht, sondern damit sie dir ein Zuhause ist.

Sie traten in das Haus ein und schauten das Kind mit seiner Mutter Maria. Schließ die Liebe nicht in die vier Wände deines Hauses ein. Denke nicht, die Nächstenliebe erschöpfe sich in der Liebe zu deiner Familie. So leicht verwandelt sie sich in billige Selbstsucht. Das Heim soll nicht Festung sein – sondern Basis. Die Dinge deiner Familie sollen nicht deine ganze Aufmerksamkeit und Energie beanspruchen – sondern helfen, jenen entgegenzugehen, die um dich sind. 17

Du sollst den Herrn, deinen Gott lieben. Nicht die Ehe ist es, die eine Krise durchmacht, sondern es ist eine Krise unseres Glaubens an Gott, eine Krise der Liebe zu ihm. Wenn du nicht genug glaubst, wenn du ihn nicht genug liebst, dann magst du hundert Jahre nach deinem Ideal suchen, magst dein Mädchen finden, magst deinen Mann finden, ihr mögt eine herrliche Zeit zusammenleben – und doch wird sie zu Ende gehen. Denn der Mensch ist ein endliches Wesen. Es wird seine Klugheit und seine Kraft zu Ende gehen; zu Ende gehen wird ihre Güte und ihre Anmut. Denn jeder Mensch sehnt sich nach der vollen Schönheit, nach der vollen Wahrheit. Und deshalb gibt es so viele Fälle traurig endender Liebe – denn der Mensch verlangt vom Menschen das, was dieser ihm nicht geben kann. 18

19 RICHTET NICHT. So lange sind wir Christen, wie wir das Geheimnis des Menschen achten, der neben uns steht; wie wir voraussetzen, daß keine unserer Formulierungen und Definitionen imstande ist, ihm gerecht zu werden, daß keine Sünde ihn auslöscht, keine – positive oder negative – Entscheidung sein Schicksal endgültig bestimmt; wie wir fähig sind, an ihn zu glauben, ihm zu vertrauen, ihn zu lieben.

20 IN SEIN HAUS. Wir verrohen. Immer mehr Brutalität steckt in uns. Wir verletzen einander. Wir tun einander Unrecht. Auf der Straße, in der Trambahn, an der Arbeitsstätte, in der Schule. Und zwar immer ärger.

Denn unsere heimischen Herde erkalten. Immer weniger Mütterliches ist in unseren Müttern. Immer weniger Väterliches in unseren Vätern. Immer weniger gibt es ein echtes Heim. Immer weniger wohnlich sind unsere Häuser. Das sind nur noch Hotels, Unterkünfte für die Nacht. Der gemeinsame Tisch ist im Verschwinden. Wir füllen uns den Magen in irgendwelchen Winkeln, direkt an der Herdplatte, vor irgendwelchen Gaskochern. Damit wir nur möglichst schnell in die Stadt gehen können, weit von zu Hause weg, wo es so langweilig ist und öde.

So werden wir keine Welt aufbauen. Auch wenn wir eine noch so hohe Technik haben. Wir hören auf, Menschen zu sein.

SIE FANDEN MARIA UND JOSEF UND DAS KIND. Seit Anfang ihres Bestehens hat die Menschheit schon soviel durchgemacht, schon so viele Dummheiten, gewaltige Fehler begangen, sich schon so oft die Finger verbrannt, aber stets kehrt sie in den Augenblikken der Besinnung unverändert zu dem zurück, was das wichtigste ist: der Mann, die Frau und das Kind. Und immer mehr wissen wir: ganz gleich, was die Menschheit noch erfinden, welche Umwälzungen sie durchmachen, zu welchen Errungenschaften sie gelangen wird, stets wird, solange sie existiert, ihre Grundlage sein: der Mann, die Frau und das Kind. Und je erfahrener wir wurden, desto stärker sind wir davon überzeugt, daß es keinen Preis gibt, den die Menschheit nicht zahlen, keine Anstrengung, die sie nicht auf sich nehmen sollte, um die besten Voraussetzungen zu schaffen für diese Verbindung: Vater, Mutter und Kind. 21

AUCH LEHRER SOLLT IHR EUCH NICHT NENNEN LASSEN. Aus Trägheit nehmen wir die Haltung des Meisters, des Instrukteurs an – weil wir uns mit dem geringsten Aufwand unserer Erziehungsaufgabe entledigen wollen. Oder aus Angst – weil wir fürchten, daß unser leeres, unfruchtbares Innere enthüllt wird. Und deshalb hältst du Predigten, moralisierst, mahnst, drohst, gibst Befehle. Aber das ist Dressur, die jeder Mensch, der irgendwie noch Würde hat, ablehnt. 22

Wenn dir wirklich daran liegt, die Menschen zu erziehen, die mit dir sind, wenn du sie wirklich liebst, dann steig herab vom hohen Thron des Meisters, des Lehrers. Liebe heißt nicht: Almosen, das der Besitzende dem Besitzlosen gibt. Der Reiche dem Armen. Der Mächtige dem Hilflosen. Der Starke dem Schwachen. Jeder, der nur ein wenig Gefühl für Würde hat, wird es zurückweisen. – Liebe heißt: teilen. Willst du jemandem helfen, dann lebe zusammen mit ihm. Dann übereignest du dich ihm in jedem Augenblick. Selbst wenn du mit einer Dornenkrone dastehen wirst – angespuckt, verlacht, verachtet –, wirst du mehr lehren, als hättest du dein ganzes Leben lang gepredigt – du wirst lehren in diesem Augenblick.

23 DAMIT DIE WELT GERETTET WERDE. Nach welchen Höhen greifst du? Was sagt dir das Wort: Familie. Vaterstadt? Volk? Menschheit? Wie reagierst du auf das Wort Heimat? Redest du dich damit heraus, das passe nicht mehr in diese Zeit? Und deine Stadt? Lächelst du nachsichtig darüber? Und deine Arbeitsstätte? Hast du nur eine abschätzige Handbewegung dafür? Wie groß bist du? Was ergreift dich, schmerzt, beunruhigt dich? Welche Dinge, welche Menschen? Deine Mutter, deine Schwester, dein Freund, dein Bekannter, dein Mitarbeiter, ein Passant, ein Landsmann, ein anderer Mensch? Um wen sorgst du dich?

An wem liegt dir? Für wen fühlst du dich mitverantwortlich? Nach welchen Höhen greifst du? Welche Horizonte nimmst du wahr?

TRAGE SORGE FÜR IHN. Es geht darum, daß dein Nächster durch dich Gutes erfährt: daß er bei dir sich selber findet, daß er, wenn er gebrochen ist, sich wieder aufrichtet, wenn er erloschen, in neuem Feuer entbrennt, wenn er geknickt, wieder aufblüht. Daß er bei dir ein Mensch im vollen Sinne dieses Wortes wird. 24

Am leichtesten fällt es, einen Bedürftigen abzuspeisen mit dem Almosen eines Lächelns, eines guten Wortes oder einer Sache. – Aber das ist keine Güte. Es scheint dir höchstens so zu sein.

REISSENDE WÖLFE. Nicht nur andere nutzen dich aus: nehmen dir deine Zeit, beanspruchen dich im Übermaß, halten Verpflichtungen nicht ein. Sondern auch du nutzt aus: dann, wenn du wirklich in einer ausweglosen Lage bist und Hilfe verlangst, wie auch dann, wenn du dich aus Faulheit auf andere verläßt, deine Pflichten auf sie abschiebst, ungeniert über ihre Zeit verfügst, zu bitten vergißt und zu danken. 25

Und es ist gar nicht so sicher, wessen Konto mehr belastet ist: wer mehr ausnutzt.

26 Der ins Verborgene sieht. Hab auf dich acht, wenn man anfängt, deine nahen Bekannten, deine Fachkollegen auszuzeichnen, zu belohnen, herauszustellen, während man dich übergeht – obwohl vielleicht sogar von dir alles seinen Anfang nahm, zumindest du schwer geschuftet hast, obwohl du dich darin am besten auskennst, obwohl du den größten Verdienst daran hast, daß überhaupt aus der Sache etwas wurde.
Hab acht vor allem dann, wenn du im Schatten bleibst und andere glänzen. Antworte dir dann auf die Frage, wozu du das alles getan hast. Wirklich deshalb, damit man deinen Namen nennt, deinen Beitrag wahrnimmt, deine Verdienste anerkennt und zugibt, daß dies deine Initiative, deine Erfindung war? Hast du dich wirklich nur deshalb so abgemüht?

27 Schafe aus dieser Hürde. Die Kirche ist keine Sammlung von Individuen, von denen jedes, gesondert für sich, nur um die Erlösung der eigenen Seele besorgt ist.
Deshalb bist du Glied der Kirche nicht nur durch die Taufe, sondern auch dadurch, daß du dich mit dieser Gesellschaft verwachsen fühlst, gemeinsam zu beten vermagst, dich wohlwollend gegenüber deinen Brüdern verhältst – daß du ihnen zu leben hilfst.

Und sein Schweiss wurde wie Tropfen Blutes. 28
Es fällt leicht, zu glauben unter Freunden, wenn die Sonne über den Köpfen scheint – in einer Zeit des Friedens.
Aber wie sollst du glauben, wenn deine Feinde dich bedrängen, wenn sie kaltblütig anfangen, dich zu vernichten; wenn sie dir das nehmen, was ein Stück von dir ist; dich von deiner Arbeit vertreiben, die dich verkörpert; wenn sie dir die Zukunft verbauen, auf die du so sehr eingestellt bist. Wie nicht in Panik verfallen, sich nicht von Verzweiflung übermannen lassen, wie von den Feinden nicht ihre Methoden übernehmen, sich von ihrem Haß nicht anstecken lassen. Wie glauben – wenn die Zeit unmenschlich ist.

Der Vollkommene. Wenn du auf keine Kritik 29
stößt, so beweist das noch nicht, daß du vollkommen und unfehlbar bist. Es kann nur davon zeugen, daß die Menschen nicht den Mut haben, dir gegenüber Kritik zu äußern, weil sie sich überzeugen mußten, daß du sie nicht annimmst. Sie haben die Erfahrung gemacht, daß du dich für vollkommen und unfehlbar hältst.
Wenn niemand dir mahnende Worte sagt, so heißt das: Es steht sehr schlecht um dich.

30 ALS ER EINE PERLE FAND. Wie bist du unter all denen, die unter Verleugnung ihrer menschlichen Würde, unter Verzicht auf eigene Meinung, um den Preis ständigen Gehorchens und Kopfnickens, um den Preis der Selbsterniedrigung und -verachtung Karriere machen, sich ein Vermögen schaffen? Wie bist du unter denen, die mit beiden Händen Geld scheffeln, andere von ihren Posten verdrängen, ihren Weg nach oben suchen, indem sie andere treten, unter denen, die nur darauf aus sind, neue Kontakte zu knüpfen, sich Beziehungen und Unterstützung zu sichern? Ist Friede in dir? Schaust du auf sie mit Verwunderung, mit Entsetzen, mit Mitleid – so wie auf Kranke, Besessene, auf Geistesgestörte, Abnorme? Freust du dich, daß du Distanz dazu hast? Freust du dich, daß du die Gabe des Glaubens besitzt? Tut es dir nicht weh, daß sie ihren Weg nach oben machen, daß sie sich bereichern, während du zurückbleibst? Ist kein Körnchen Bitterkeit in dir? Hab acht, daß es sich nicht auswächst zu einem Baum.

31 UND VON JENER STUNDE AN NAHM DER JÜNGER SIE ZU SICH. Sei bei uns in der Stunde unseres Sterbens.
Sei bei uns in der Stunde unseres Leidens: wenn jene, die wir für Freunde gehalten haben, uns Unrecht tun.
Sei bei uns in der Stunde unseres Unglücks: wenn wir

jemandem unrecht tun – damit wir unsere Schuld erkennen und das Böse wiedergutzumachen versuchen.
Sei bei uns jetzt und in der Stunde unseres Todes.

Juni

Glaube ist Leben im Licht

WER DEN WILLEN MEINES VATERS TUT. Du sagst, du glaubst, weil du Gottes Existenz anerkennst. Aber das ist nur die Ebene der Information, auf der du etwas zur Kenntnis nimmst. Das ist noch kein Glaube. Glauben an Gott heißt zuerst, auf Gott zu vertrauen und ein Leben in Helligkeit, Ehrlichkeit, Wahrheit und Selbstlosigkeit zu wagen. Zu wagen! Denn der erste Schritt richtet sich gegen das eigene Ich, den eigenen Egoismus. Aber das ist nur der erste Schritt. Danach glaubst du, weil du überzeugt bist, daß man nur so leben kann. Du überzeugst dich aufgrund des Glücks, der Genugtuung, der inneren Helligkeit, die du in dir trägst. *1*
Glaube ist Leben im Licht.

2 SEI SEHEND. Glauben heißt die Existenz einer übernatürlichen Welt, die Existenz der vollen Wirklichkeit anerkennen. Dann erweist sich die sichtbare Wirklichkeit als Ausschnitt eines großen Ganzen. Erst dann finden alle Tatsachen der sichtbaren Wirklichkeit ihre endgültige Begründung und Erklärung. Erst dann finden wir eine Antwort auf die Frage nach dem Sinn der Welt, der Menschheit, eines jeden Menschen, nach Tod und Leid. Erst dann können wir voll und ganz die Gefahr des Bösen und die Größe des Guten begreifen.

3 WENN IHR GLAUBEN HÄTTET WIE EIN SENFKORN. Bist du schon einmal über das Meer gewandert. Hast du schon einmal Berge versetzt. Hast du wenigstens einmal im Leben an das geglaubt, was du tust – an große Dinge, die du geschaut hast. War dein Glaube wenigstens einmal wirklich groß, standhaft, beharrlich. Hörst du nicht auf zu glauben, auch wenn die Menschen dich zu überreden versuchen, du solltest nicht so beharrlich sein, nicht so anspruchsvoll. Und doch kannst du nur dann ein Wunder erleben: nur dann verschwinden die Berge von Schwierigkeiten, nur dann kannst du über Abgründe schreiten, die sich unter dir auftun, über Fallen gehen, die man dir stellt.

Doch vielleicht glaubst du lieber nicht? Denn es ist bequemer, gefahrloser und ruhiger, weder sich selber noch den Menschen noch Gott zu vertrauen. Aber dann murre nicht, weil du keine Berge versetzt. Wundere dich nicht, daß das Meer sich nicht teilt vor dir. Daß du so lau bist, so farblos, ein Niemand.

Seid wie euer Vater. An was für einen Herrgott glaubst du. An den gerechten – der das Gute lohnt und das Schlechte bestraft? Und zwar streng. Der keine Schuld übersieht. Der nicht vergißt. Nichts schenkt. Der dich so lange verfolgt, bis du alles, auch den letzten Pfennig, zurückgezahlt hast. Bis du bezahlt hast für deine Schlechtigkeit, deinen Fehler, deine Schwäche, deine Dummheit. Und du fühlst seine Peitsche auf deiner Schulter. Glaubst du an einen solchen Gott? 4

Der Gott Christi ist ein Gott, der von ferne den verlorenen Sohn erblickt und ihm entgegenläuft. Wenn dieser ihm zu Füßen fällt, hebt er ihn auf und führt ihn in sein Haus. Der Gott Christi ist ein Gott, der, wenn ein Schaf verlorengeht, neunundneunzig zurückläßt und loszieht, um es zu suchen, bis er es findet.

Bist du ein Christ? Vielleicht bist du ein gerechter Mensch, der nichts schenkt, der nichts vergißt, nichts verzeiht, sondern so lange hinterher ist, bis ihm alles auf den letzten Pfennig ausgezahlt worden ist. Bis jeder Schuldner für seine Schlechtigkeit, für seinen Fehler, für seine Schwäche, für seine Dummheit gezahlt hat.

5 WAHRER GOTT. Hüte dich, dir einen Gott nach deinem Bild und Gleichnis zurechtzuschnitzen und ihn im Winkel deiner Seele abzustellen.
Hüte dich, dir einen Gott nach deinem Bild und Gleichnis zu schnitzen und im Winkel deiner Seele abzustellen, damit du ihm dort von Zeit zu Zeit Ehre erweist, ein Gebet sprichst und dich freust, daß du ihn besitzt, daß du glaubst.
An Gott glauben ist etwas anderes.
Wenn du dich überzeugen willst, ob du glaubst, dann schau auf dein Leben.

6 NIEMAND HAT DEN VATER JEMALS GESEHEN. Obwohl er so einfach ist, daß sogar ein Kind ihn empfangen kann, ist er zugleich doch so kompliziert, daß selbst größte Geister ihm gegenüber ratlos sind.
Obwohl er so nahe ist, daß du dich jederzeit mit ihm im Gebet vereinen kannst, ist er zugleich so weit, als trennten uns Welten von ihm.
Obwohl er so barmherzig ist, daß selbst der ärgste Sünder bei ihm Verzeihung finden kann, ist er zugleich so gerecht, daß selbst der größte Heilige nicht sicher sein kann, erlöst zu werden.
Obwohl er geboren wurde, lebte und starb wie ein Mensch, wird er für uns immer ein Geheimnis bleiben; stets wird er unfühlbar, unerreichbar, unfaßlich bleiben – denn die Kluft der Unendlichkeit trennt uns von ihm.

HERR, LEHRE UNS. Er hat sich uns geoffenbart, aber das heißt nicht, daß er alles über sich gesagt hätte und daß es genügte, nur tiefer zu forschen oder die Theologen zu fragen, um ihn zu erkennen. 7
Er ist für uns geboren und am Kreuz gestorben, aber das gibt uns nicht das Recht, ihm gegenüber dreiste Vertraulichkeit an den Tag zu legen.
Er hat die Kirche und die Sakramente eingesetzt, aber es darf uns nicht scheinen, als könnten wir über die Gnade, die sich in diesen Symbolen verbirgt, beliebig verfügen.
Er bleibt für uns ein Geheimnis. Und das ist das Sicherste, was wir über ihn wissen.

HILF MEINEM UNGLAUBEN. Laß dich nicht irremachen von den Beispielen amtlicher Christen, die im Dienste Gottes Geld scheffeln, ihre Macht spielen lassen, ihre Position ausbauen und jeden Sonntag zur Kirche und zur Kommunion gehen. Bist du sicher, daß sie glauben? 8
Laß dich nicht irremachen von denen, die behaupten, sie glaubten weder an Gott noch an die Hilfe der Gottesmutter, die nicht zur Kirche gehen noch zu den heiligen Sakramenten und gleichzeitig bemüht sind, ehrlich zu leben. Laß dich nicht irremachen. Meinst du, daß sie nicht glauben?

9 DIE GOTT GESCHAFFEN HAT. In einer der vielen Milchstraßen, die durch den Weltraum rasen, gibt es eine Sonne, die ähnlich ist Millionen anderer Sonnen. Um sie drehen sich Planeten verschiedener Größe. Auf einem von diesen Planeten lebt der Mensch, dessen Existenz gegenüber dem Alter des Universums nicht viel länger dauert, als ein Streichholz brennt.
Er stellt sich hin, steckt die Hände in die Taschen und fragt: „Wo ist der Schöpfer?“ Letztlich ist er bereit, den sogenannten Herrgott auf einen arg brüchigen Thron zu setzen, aber das kommt später, vorläufig ist der Herrgott der Nicht-Existenz verdächtig. Verdächtig noch wegen manchem anderen. Wie konnte er Mensch werden und in einem Stall geboren werden? Wie konnte er auferstehen? Wie konnte er ein einziger und zugleich in drei Personen sein?
So werden wir nicht vorwärtskommen. Wir müssen ausgehen von der Position des Geschöpfes, nicht des Richters. Von einer Position, deren sich jeder Mensch bewußt ist, ganz gleich ob er einfach oder gebildet ist, von dem Gefühl der eigenen Nichtvollendung, Nichtnotwendigkeit heraus. Denn nur diese Position ist wahrhaftig.

10 KOMMT ZU MIR. Wie schwer muß es den Schwarzen fallen, zum Glauben an Christus zu gelangen angesichts der Christen, die ihre am Meer gelegenen Dörfer überfallen, ihre Vorfahren geraubt und unter abscheulichen Bedingungen nach Amerika gebracht

haben, wo sie zu übermenschlichen Anstrengungen gezwungen wurden. Angesichts von Christen, die ihre Unwissenheit so viele Jahrhunderte lang ausgebeutet haben.
Wie schwer muß es den Indianern fallen, zum Glauben an Christus zu gelangen angesichts von Christen, die die Ihren ermordet und mit Alkohol demoralisiert, die ihnen die Tuberkulose gebracht und das Land genommen haben.
Wie schwer war es für Römer und Griechen, zum Glauben an Christus zu gelangen angesichts der plumpen Erzählungen primitiver Juden, die sich als Zeugen des Erlösers ausgaben.
Wie schwer fällt es uns, zum Glauben an Christus zu gelangen angesichts verlogener, scheinheiliger Christen; angesichts der schlichten Bosheit und Dummheit jener, die sich seine Bekenner nennen.
Wieviel Sehnsucht nach der Wahrheit braucht es hier, wieviel guten Willen – wieviel Gnade.

FÜNF GERSTENBROTE. So hätte es sein können: *11*
„Bitte, setzt euch nieder." Fünftausend Männer lagern sich. „Ich bin der Sohn Gottes. Das mag euch unwahrscheinlich erscheinen, deshalb werde ich zur Bestätigung meiner Worte ein Wunder wirken. Schaut auf euer rechtes Knie. Liegt darauf Brot?" Und fünftausend Männer antworten: „Nein, da ist kein Brot auf meinem rechten Knie." „Und jetzt schaut auf euer linkes Knie. Sind darauf Fische?"

Und fünftausend Männer antworten: „Da sind keine Fische auf meinem linken Knie.“ Und jetzt: Achtung. Ein Augenblick der Stille, nach oben gereckte Hände, ein ekstatisch zum Himmel gerichteter Blick. Ah-ah-ah... auf dem rechten Knie eines jeden Mannes liegt plötzlich ein Brot, und auf dem linken sind Fische.

Doch es war ganz anders. Jesus nahm ein paar Brote, brach sie, segnete sie, legte sie in Körbe, gab ein paar Fische hinzu und sagte zu den Aposteln, sie sollten sie verteilen. Es macht schon Mühe, an ein paar Tausend Menschen etwas auszuteilen. – Wie hat jeder der Versammelten diese Tatsache erlebt? Er sah ganz einfach, daß ein Jünger des Meisters von Nazaret ihm aus einem Korb ein Brot und einen Fisch gab.

12 DA VERLIESSEN IHN ALLE UND FLOHEN. Wir haben an ihn geglaubt, weil er das Königreich der Wahrheit verkündet hat, und wir sind ihm begeistert gefolgt, weil wir an seinen Sieg glaubten. Aber seit jenen Tagen ist schon viel Zeit vergangen. Der Triumphzug hat sich irgendwo in alle Winde verlaufen. Wir schauen uns nach unseren Gefährten um und stellen erstaunt fest, daß sie bequeme Posten im irdischen Königreich eingenommen haben, während wir noch immer so leben wie das Gras auf dem Felde und die Vögel des Himmels. Und wir fühlen uns betrogen. Aber sag, worauf hast du gerechnet, was hast du erwartet?

BITTET. Mit leeren, nach oben gerichteten Augen, die steifen Arme vor uns hingestreckt, bewegen wir uns vorwärts mit unsicherem Schritt. Wir prallen zusammen mit ähnlichen Blinden wie wir, stoßen gegen Geräte, gegen Wände, irren umher im Labyrinth der Gassen, irrgeleitet von falschen Stimmen, stolpern über Steine, waten durch Pfützen – zitternd, unsicher, traurig. 13

Aber fühlst du nicht, daß es eine andere Welt gibt? Das Rauschen des Waldes ist doch an deine Ohren gedrungen. Die Sonnenwärme hat doch dein Gesicht gestreichelt. Knie nieder am Wege, denn Jesus kommt vorbei, und rufe: „Jesus, Sohn Davids, erbarme dich meiner!“ Er wird hören. Aber du rufe weiter: „Jesus, Sohn Davids, erbarme dich meiner.“ Vielleicht wird man dich anherrschen, du sollest still sein, weil es doch keinen Zweck hat. Höre nicht auf, bitte nur. Ganz sicher wird er zu dir treten und dich fragen: „Was willst du, das ich dir tun soll?“ – „Herr, daß ich wieder sehen kann.“ Ganz sicher wird er antworten: „Dir geschehe, wie du gewollt hast.“

Und du wirst zuerst Jesus sehen und dann diese andere Welt – bunt, weiträumig, wahr.

DEIN REICH. Den Sinn des Lebens finden. Wissen, wozu man ehrlich sein, wozu man arbeiten, die Kinder erziehen – wozu man leben soll. 14

Jesus hat gesagt, das Himmelreich sei einer wertvollen Perle gleich; wenn jemand sie findet, verkauft er

alles, was er hatte, um sie zu bekommen. Es gleiche einem im Acker verborgenen Schatz; als einer ihn fand, verkaufte er seinen ganzen Besitz, um den Acker zu erwerben.
Das Himmelreich hat sich vor Zachäus geöffnet, als er sein Unrecht erkannte; auch dir öffnet es sich, wenn du das Unrecht siehst, das du begangen hast.
Das Himmelreich hat sich der öffentlichen Sünderin geöffnet, als sie Jesus zu Füßen fiel und weinte, aber es öffnet sich auch dir, wenn du deine Sünden siehst.
Wenn nur die Sonne diese Gnade nicht ausdörrt, wenn nur das Unkraut sie nicht erstickt, wenn nur die Vögel sie nicht auspicken; wenn du dir nur nicht die Ausrede suchst, es habe keinen Sinn, so zu handeln, denn die Menschen seien Hyänen und man müsse so sein wie sie, um unter ihnen leben zu können.
Nein, das stimmt nicht. Ein Mädchen sprang aus dem zweiten Stockwerk, um rein zu bleiben; ein Eisenbahner stürzte sich vor den heranrasenden Zug, um das Kind von den Gleisen zu retten; der Sportler gab bei den Weltmeisterschaften im Slalom zu, ein Tor ausgelassen zu haben, was die Richter nicht bemerkt hatten. Das sind keine erfundenen Geschichten, sondern Dinge, die wir in den Zeitungen fanden.
Nimm die einzelnen Steinchen der Gnade: die roten der Liebe, die grünen der Hoffnung, die goldenen des Lächelns, die alle Gott dir gibt, und füge sie zu dei-

nem Mosaik des Himmelreichs zusammen. Möge es in dir wachsen wie das Senfkorn zu einem großen Baum.

MEIN JOCH IST LEICHT. Bedauerst du nicht im ge- 15
ringsten, auch nicht für einen Augenblick, daß du glaubst – daß Gott dich mit der Gnade des Glaubens beschenkt hat.
Gibt es in dir keinen Groll, daß du wegen dieses Glaubens gegen deinen Willen, gegen deine Natur Entscheidungen treffen mußt, die weder begründet noch geprüft sind? Daß du des Glaubens wegen ein trauriges und schwieriges Leben hast, während du doch glücklich, in Freiheit leben könntest?
Wenn du so denkst, dann begreifst du nichts vom Christentum.
Denn das Christentum, denn Christus will von dir nichts weiter, als daß du wirklich Mensch bist. Wenn daran etwas Schmerzhaftes ist, so nur deshalb, weil es so schwierig ist, Mensch zu sein. Aber in Wirklichkeit sehnst du dich nach nichts mehr, als eben das zu sein. Nichts anderes gibt dir mehr Glück.

AUCH ICH VERURTEILE DICH NICHT. Gib acht, denn 16
sonst wirst du nur in menschlichem Schmutz wühlen, menschliche Leidenschaften, Verbrechen und schlechte Gewohnheiten verfolgen, fremde Mißer-

folge analysieren, gebannt auf menschliche Gemeinheit und Verderbtheit starren – um die Bitterkeit des eigenen mißratenen Lebens leichter ertragen zu können.
Das Leben sollte doch schön sein. Mit schönen Morgen und schönen Abenden, schönen Frühjahren und Sommern. Das Leben kann noch schön werden.

17 Der im Verborgenen sieht. Wir fürchten den Herrgott. Wir können seine Wirklichkeit nicht ertragen. Wir möchten ihn lieber in eine Scheinwelt stellen. Wir sind bereit, irgendwo aufgeschnappte Einwände gegen die Religion zu stützen, nur um die Realität von Gottes Gegenwart zu verdrängen.
Wir fürchten die Einsamkeit, damit er uns nicht Auge in Auge erscheint. Wir fürchten die Stille, damit er nicht zu uns spricht.
Wir verbarrikadieren uns vor ihm, indem wir immerfort Schwüre von Liebe und Treue verlangen.
Wir wollen ihn nicht nötig haben, wir erhöhen uns durch Posten, Titel, Verehrung der anderen. Wir flüchten uns vor ihm in Pflichten, in Vergnügen und Entspannung.
Wir übertönen ihn durch Gespräche, durch Musik, Gesang und Lärm.
Wir suchen Entschuldigung in der Unverständlichkeit kirchlicher Riten.
Wir entschuldigen uns mit der Langeweile von Predigten, mit der mangelnden Attraktivität von Dog-

men, mit bösen Menschen, die sich für Katholiken halten.
Aber in der Tiefe unserer Seele wissen wir, daß all dies nicht hilft; daß er da ist, auch wenn wir nichts von ihm wissen wollen; daß er spricht, auch wenn wir ihn nicht hören wollen; daß wir ihm begegnen, auch wenn wir ihm noch so sehr aus dem Wege gehen; daß unsere Begegnung mit ihm um so schwerer sein wird am Jüngsten Tag.

DER VATER HAT DAS LEBEN IN SICH SELBST. Wir *18*
fürchten den lebendigen Gott. Und deshalb geben wir ihm einen Platz irgendwo in einem fernen Himmel als dem, der die Welt geschaffen, der die Gesetze der Natur gemacht, der den Menschen ein für allemal die Paragraphen der steinernen Tafeln gegeben hat und der jetzt in völliger Reglosigkeit verharrt. Doch er ist LEBEN, HANDELN, WIRKEN. Du kannst ihm begegnen auf den schwierigen Wegen deines Alltags, ihn nur berühren mit deinen abgearbeiteten Händen, ihn hören, wenn du zu hören imstande bist.
Leichter ist es, Gott in einen Winkel zu stellen, wie einen Götzen, dem du von Zeit zu Zeit ein Häufchen Weihrauch hinwirfst und vor dem du dich verneigst. Doch die Wahrheit ist: weil er das Leben ist, kannst du ihm nur durch dein Leben begegnen.

19 ER WEINTE BITTERLICH. Hat sich Jesus geirrt, als er Petrus einen Fels nannte, den die Pforten der Hölle nicht überwinden werden. Schließlich hat Petrus ihn verleugnet, bevor der erste Hahn krähte. Hat sich Jesus nicht geirrt, als er die Kirche auf einen solchen Felsen gründete.

Übertreibt die Kirche nicht, wenn sie Paulus den Völkerapostel nennt – Paulus, der eine so verhängnisvolle Vergangenheit hatte.

Petrus und Paulus sind Symbole der Kirche, denn in der Kirche geht es immerzu um solche Menschen, die alles verlassen haben und Jesus nachgefolgt sind; selbst wenn sie eine zweifelhafte Vergangenheit hätten. In der Kirche ist immer die große Geste verbindlich, die selbst die schweren Sünden auslöscht. Hier gilt immer das, was Jesus zu der Sünderin gesagt hat – daß ihr viel vergeben wurde, eben weil sie viel geliebt hat.

20 ICH GLAUBE, DASS DU CHRISTUS BIST. Glaubst du an Jesus? Erscheint er in den Antrieben deines Handelns? Entscheidest du wenigstens manchmal so und nicht anders aus dem Grund, weil du meinst, daß auch er so entschieden hätte? Ist er ein Vorbild für dich?

Doch vielleicht glaubst du nur an Gott, nicht aber an Jesus?

So NUN SOLLT IHR BETEN: VATER UNSER. Wir Stolzen. Aber wie kann es anders sein, wenn wir den zum Meister haben, der die Händler mit Peitschenstrikken aus dem Tempel gejagt hat, der zu den Pharisäern und Sadduzäern – den Vorgesetzten seines Volkes – gesagt hat: „Weh euch, ihr Natterngezücht, denn ihr seid wie weißgetünchte Gräber.“ Wir Stolzen. Denn wir stecken den Kopf nicht in den Staub, neigen nicht vor Gott – dem Herrn, dem Herrscher, dem König – die Stirn bis zur Erde, sondern wir sagen zu Gott: Vater. Wir Stolzen. Wie kann es anders sein, wenn wir zu seinem Sohne sagen: Bruder. 21
Und wenn du anders wärest, dann hättest du es schlecht verstanden, dann kämst du nicht aus dieser Schule – dann wärest du kein Christ.

DER IM HIMMEL IST. Christus hat uns nicht ausschließlich Rezepte für das ewige Leben gebracht. Er kam nicht, um uns zu lehren, wie wir leben sollen, um erst nach dem Tode glücklich zu sein. Deshalb reduziere seine Lehre nicht auf das Gebot, Verdienste für den Himmel zu sammeln. Nicht erst im Jenseits kannst du Freude erlangen. Nicht erst im Himmel kannst du glücklich sein. 22
Wir wurden für das Glück geschaffen. Jesus will uns lehren, wie wir leben sollen, um anderen Glück zu schenken und auch selber hier, auf Erden, glücklich zu sein. Das ewige Glück ist Fortsetzung eines solchen Lebens.

23 SIE HABEN IHREN LOHN SCHON WEG. Aber vor allem achte auf deine Intentionen. Vor allem achte auf die Beweggründe deines Handelns. Auf die Frage: Weshalb, wozu, aus welchem Grunde mache ich das, beginne ich das?
Vor allem achte auf die Motive deiner Taten. Hier entscheidet sich deine Größe und deine Niedrigkeit, dein Menschsein, dein Christentum.

24 SELIG DIE ARMEN, DENN IHRER IST DAS HIMMELREICH. Einem Christen kann es nicht gut gehen.
Kann es einem Christen gut gehen, wenn er seine Feinde liebt, wenn er für jene betet, die ihn verfolgen, denen Gutes tut, die ihm Unrecht zufügen, wenn er gibt, wo man ihn bittet, sich nicht abkehrt von denen, die etwas von ihm borgen wollen, wenn er dem seinen Mantel läßt, der ihm seinen Rock genommen hat, wenn seine Rede ist: „Ja – ja, nein – nein." Wenn er das Reich Gottes sucht und dessen Gerechtigkeit und sich nicht allzusehr sorgt, was er essen noch was er trinken noch womit er sich bekleiden wird.
Und wie geht es dir?

25 EFFATA, DAS HEISST, ÖFFNE DICH. Wer ist ein Bekenner Christi?
Jene Frau in Schwarz, die täglich in die Kirche geht? Der Priester, der die heilige Messe feiert? Der bärtige Ordensmann in der umgürteten braunen Kutte? Viel-

leicht erst der barfüßige Karmelitermönch, den seine strenge Klausur von der Welt trennt? Oder der Trappist mit seinem ewigen Schweigegelübde?
Wer ist heute ein Bekenner Christi?
Du, eine Frau, stehst vor dem Spiegel in deinem neuen Kleid und kämmst dein Haar. Voll Freude stellst du fest, daß du dir gefällst. Meinst du, du seiest deshalb eine Heidin?
Und du bist verliebt. Träumst ständig von deinem Mädchen, hast Sehnsucht nach ihr. Schämst du dich, die Augen zu Gott zu erheben?
Du wiederum unterhältst dich mit deinem Kollegen, wie man durch eine Nebenbeschäftigung seinen knappen Lohn aufbessern kann. Glaubst du, es trenne dich viel vom Ideal der Armen im Geiste? Es gab Leute, die hielten die Ehe für eine Sünde, oder sie verdammten den Alkohol und gebrauchten sogar zur heiligen Messe nur Wasser, oder sie forderten, jeder Bekenner Christi müsse all seine Habe verkaufen oder an die Armen verteilen und in Armut leben.
Aber das alles war nicht der Weg Christi – es war eine Sackgasse.

WIR MUSSTEN UNS FREUEN, DENN DIESER DEIN BRUDER WAR TOT UND IST WIEDER LEBENDIG GEWORDEN. Nur dann bist du Christ, wenn du zu verzeihen vermagst. *26*
Und nur dann bist du Christ, wenn du – nach deiner Umkehr – fähig bist, dich selbst für gereinigt zu hal-

ten. So als hättest du das Böse nicht getan. Als hätte es diese Sünde in deinem Leben überhaupt nicht gegeben. – Wenn du wirklich glaubst, daß dir vergeben, verziehen, daß alles gelöscht ist. Daß man dich wie einen normalen Partner behandelt. Und daß du, selbst wenn deine Sünden rot wären wie Scharlach, du weißer geworden bist als Schnee.

27 UND ER WIRD SIE VONEINANDER SCHEIDEN. Die Trennung wird erfolgen zwischen denen, die einer großen Sache, einer Person, einem Menschen gedient haben, und denen, die nur sich selber dienten. Die Trennung wird erfolgen zwischen denen, die daran geglaubt haben, daß es einen Sinn hat, sein Leben einer Sache, einem Menschen zu widmen, und denen, die ihr Leben in sich selbst verschlossen haben. – Die Trennung wird unabhängig davon erfolgen, an welche Götter die Menschen glaubten, in welche Heiligtümer sie gingen, zu welchen Konfessionen sie gehörten.

Aber diese Trennungslinie verläuft auch durch dich: einerseits zwischen deinem Streben, möglichst viel an dich zu raffen, alle und alles deinen Interessen unterzuordnen, und andererseits deinem Aufbruch zum Guten, zum Dienst für ihn, zur Opferbereitschaft. Die Trennung erfolgt in dir, schon jetzt. Auch du befindest dich später im Jenseits auf der einen oder anderen Seite, je nachdem wie du dich jetzt entscheidest. Auf welcher Seite du jetzt stehst.

DAS IN SICH SELBST ENTZWEIT IST. Die Teilung in Gläubige und Ungläubige verläuft nicht nur jenseits von uns. 28
Die Teilung in Gläubige und Ungläubige verläuft durch jeden von uns, auch durch dich. Denn du bist der, der um all seinen Besitz zittert und soviel wie möglich zusammenraffen will. Und zugleich bist du es, der imstande ist, sich für das Schöne zu begeistern und über jedes Gute zu freuen.
Die Teilung in Gläubige und Ungläubige geht durch uns hindurch – und du entscheidest, was du bist.

SÜNDER. Wenn dir jemand sagte, du seist ein schlechter Mensch, so würdest du es nicht glauben. Wenn jemand dir vorwürfe, du handeltest unehrlich, so jagtest du ihn davon. Wenn jemand dich zu überreden versuchte, du solltest dich bekehren, so würdest du ihn auslachen. 29
Deshalb führt die Kirche dich ein in die Gesellschaft solcher Menschen wie Nikodemus, Mattäus, wie Petrus, Magdalena, wie der Verlorene Sohn, der barmherzige Samariter. Deshalb führt die Kirche dich zum Licht, das Jesus ist. – Damit du dich unmerklich verwandelst in einen freien, reinen, großen Menschen.

30 WENN SIE MICH VERFOLGT HABEN, WERDEN SIE AUCH EUCH VERFOLGEN. Folgen wir ihm nach? Leiden wir um der Gerechtigkeit willen? Dienen wir Gott und nicht dem Mammon? Sind wir verfolgt um seines Namens willen? Sind wir die Torheit dieser Welt? Folgen wir ihm noch immer nach?

Juli

Er ging in die Einsamkeit, um zu beten

WENN DU BETEST, GEH IN DEINE KAMMER. Schließ *I*
dich ein in deinem Zimmer. Dreh den Docht in der Lampe herunter. Sitz bequem. Lehn den Kopf zurück. Schau auf den Christbaum, der noch in der Ecke glänzt, und versuche, Weihnachtslieder zu singen. Du allein – für Jesus.

Verstehe es, allein zu feiern. Verstehe, allein zu leben. Überlaß nicht alles der Schar, der Gruppe, der Gesellschaft, in der du lebst. Sie können dir höchstens behilflich sein. Aber schließlich und endllich mußt du selbst handeln. Denn niemand kann letztlich für dich die Entscheidung treffen. Niemand – auch wenn er es noch so sehr wollte, wenn er dich noch so sehr liebte. Du selbst mußt es tun.

Bleib allein und beginn, Lieder zu singen. Höre deine Stimme in der leeren Kirche deines Zimmers. Du wirst dich fühlen wie damals, als du von nahem in den Spiegel schautest und dein anderes Gesicht er-

blicktest. Höre dir selber zu, wie du Gott Ehre erweist.
Lerne, allein zu leben. Nicht nur in der Schar, nicht nur in der Gruppe, nicht nur in der Gesellschaft. Dies ist, wie das andere, ebenso wichtig.

2 WEN DÜRSTET. Jesus sagte, wen dürstet, der möge zu ihm kommen und trinken. Aber wenn dich nicht dürstet?
Er sagte, daß er nicht die Gesunden heilen wolle, sondern die Kranken. Daß er nicht gekommen sei, um die Gerechten zu berufen, sondern die Sünder. Daß die Armen im Geiste gesegnet seien.
Wenn du nun unter deiner Sünde nicht leidest, wenn du dich nicht stößt am Käfig deiner Endlichkeit, wenn du dich wohl fühlst und es dir bequem gemacht hast – dann brauchst du Gott nicht.
Aber weißt du mit Bestimmtheit, daß dieses Bild von dir zutrifft?

3 WO EUER SCHATZ IST. Was für Augen muß man haben, um eine solche Perle zu erblicken. Was für Hände, um so einen Schatz zu heben. Mit welchen Augen muß man schauen, mit welchen Händen suchen, wie eine solche überwältigende Freude erfahren, daß man für diese einzige Perle, für diesen einzigen Schatz leichten Herzens all das verkaufen kann,

was man bisher besessen hat. Daß man alles, was nicht Licht, nicht Reinheit ist, leichten Herzens dahingeben kann.

DAS HIMMELREICH IST UNTER EUCH. Um uns herum ist eine andere Welt. Greifbar nahe. Wir gehören zu ihr, aber sie gehört nicht uns. Bisweilen kommt die Gnade wie ein Blitz und enthüllt sie einem von uns. Dann versucht der, dem das geoffenbart wurde, mit ungefügen Worten zu beschreiben, was er erlebt, was er geschaut hat. Und dann starren wir mühsam auf diese Worte, um jene Welt in ihnen wiederzufinden. 4
Um uns herum ist eine andere Welt. Wir gehören zu ihr, aber sie gehört nicht uns.

SCHLIESS DEINE TÜR ZU UND BETE ZU DEINEM VATER IM VERBORGENEN. Gottes Gegenwart kannst du spüren, wenn du betest, wenn du menschlicher Liebe begegnest, wenn du dich selber bemühst, gut zu sein. 5
Gottes Gegenwart kannst du spüren, wenn du auf Menschen stößt, deren Leben leer ist und ihn entbehrt, wenn dich Haß und menschliche Bosheit treffen.
Gottes Gegenwart kannst du spüren, wenn er in deinem Leben fehlt, wenn du ihn durch böse Taten von dir wegschiebst – und *dieses* Bewußtsein packt dich am stärksten.

6 UM ALL DAS SORGEN SICH DIE HEIDEN. Von weitem erblickst du Menschen, die Wasser aus dem Meer schöpfen. Du trittst näher und siehst, es sind Junge und Alte, Frauen und Männer. Und dann schaust du auf ihre zermarterten Gesichter, die gerötet sind von der Anstrengung, und plötzlich fällt dein Blick auf die Gefäße, mit denen sie Wasser schöpfen. Erschreckt stellst du fest: es sind Siebe.

„Herr Pfarrer, Sie dürfen sich nicht wundern, daß die Kinder nicht für Religion lernen; sie haben viel zu tun. Als wir zur Schule gingen, gab's noch nicht so viel zu lernen. Aber mein Kind schafft es schon, es hat nur gute Noten. Das ist das wichtigste."

„Nun ja, das ist sehr wichtig."

„Ich war am Sonntag nicht zur heiligen Messe. Wir machten einen Ausflug. Die Abfahrt war für sieben angesagt. Schließlich fuhren wir doch erst um acht, aber wer konnte das wissen? Ziemlich spät kamen wir heim."

„Frühmorgens komme ich nicht dazu, ein Gebet zu sprechen. Kaum ist man auf, schon beginnt die Arbeit. Und abends ist man so abgeschunden. Man legt den Kopf aufs Kissen, und schon schläft man."

Die Ermüdeten, die Rastlosen, die Überarbeiteten – sie schöpfen Wasser mit dem Sieb.

7 BETET. Du findest für dein Kind keine Medizin gegen Krebs. Du wirst es nicht vor Einsamkeit beschützen noch vor der Verzweiflung retten. Lehre es, mit

Gott zu leben. Damit es zusammen mit ihm ist beim Spazierengehen und in der Schule, damit es zusammen mit ihm das Leben bewertet: die Arbeit, die Unterhaltung, die Politik, die Bücher, die Menschen und sich selber.
Schule dafür ist das Gebet. Deshalb muß man mit größter Aufmerksamkeit, mit viel Verständnis für die Seele des Kindes die schlichtesten Worte wählen oder sie gemeinsam mit ihm aneinanderfügen. Man muß, je weiter seine geistige Entwicklung voranschreitet, das religiöse Erleben des jungen Menschen vertiefen helfen.
Du wirst keine Medizin gegen den Krebs für dich finden. Wirst dich nicht schützen vor der Einsamkeit. Dich nicht retten vor der Verzweiflung. Lerne, mit Gott zu leben.

UNSER TÄGLICHES BROT. Vielleicht wird auch dir Gott erscheinen im brennenden Dornbusch; vielleicht hörst auch du inmitten gewöhnlicher Geschäfte, inmitten des Alltags die Worte: „Der Boden, auf dem du stehst, ist heilig." Heilig sind alle deine Dinge – heilig sollen sie sein. – Später kehrt alles zurück zum ursprünglichen Zustand: wieder wird es um die alltäglichen menschlichen Dinge und Verrichtungen gehen. Du aber laß dir diese Verklärung nicht aus den Händen reißen. Dies ist eine der größten Gnaden, die einem Menschen zuteil werden kann: das Bewußtsein, daß sein Leben heilig ist. *8*

9 EURE PROPHETEN. Jeder von uns hat etwas von einem Propheten: Jedem offenbart sich Gott auf unwiederholbare Weise – jedem ist es gegeben, Gott zu schauen, die Welt, die Menschen, sich selber in irgendeiner Wahrheit. Jeder von uns muß etwas von einem Propheten haben: Jeder muß das, was er geschaut, den Menschen weitergeben, muß ihnen das mitteilen, womit er beschenkt wurde.
Wenn du das verlorengehen läßt, wirst du wie ein Bürokrat sein, der Stempel setzt unter fremde Entwürfe.

10 SIE SAHEN NIEMAND ALS JESUS ALLEIN. Verkläre dich vor uns. Zeig dich uns in allem Glanz und aller Größe. Mach, daß wir begeistert sind von dir wie Petrus, Jakobus und Johannes. Daß wir, während wir auf dich schauen, von deiner Herrlichkeit empfangen.
Verkläre, verwandle uns. Wir wissen nicht, worum wir bitten. Wir wissen nicht, auf welche Höhen du uns führen kannst. Wir wissen nicht, welche Ausblicke du uns zu zeigen vermagst. Wir wissen nicht, welche Kräfte du in uns wecken kannst. Aber wir bitten.
Denn wir fühlen, wie das Leben uns zu nichts zerrinnt, wie wir uns immer energischer nach einem bequemen Sessel umschauen, wie wir uns immer mehr nach völliger Ruhe sehnen um jeden Preis. Ver-

wandle uns. Hole alles aus uns heraus, wozu wir noch fähig sind. Solange es Zeit ist. Denn der Tag neigt sich, und unsere Sonne senkt sich schon herab.

Er wurde vor ihnen verwandelt. Man kann nicht leben in ständiger Verzückung und Begeisterung. Sie kommt wie das Licht eines Leuchtturms: es blinkt kurz auf und fällt wieder in die Dunkelheit zurück. Und man weiß nicht, wann es das nächste Mal aufblitzt. 11
Deshalb: wenn dir die Gnade der Erleuchtung zuteil wird und du die Wahrheit siehst, so faß sie in den eisernen Rahmen von Beschlüssen, zieh aus ihr die vollen Konsequenzen für den Alltag, damit du sie hinüberrettest über die Zeit der Niederlagen, der Mißerfolge, der Enttäuschungen, des Ringens mit der eigenen Kleinmütigkeit, Feigheit, Trägheit – damit sie dein Leben auf Dauer bereichert.

Der sagt: Herr, Herr. Wie schwer fällt es, vom Berg der Verklärung hinabzusteigen. Die zum Himmel gerichteten Augen wieder zur Erde zu senken. Mit den an die Geste des Gebets gewöhnten Händen die Knoten irdischer Probleme zu entflechten. 12
Wie schwer fällt es, vom Berg der Verklärung hinabzusteigen. Am liebsten möchte man dort oben bleiben. Oder vielleicht gar nicht hinaufgehen?

13 Alle Tage. Auch wenn der Mensch, den du liebst, dich verachtet, auch wenn deine Freunde dich verlassen, auch wenn deine Anhänger dir nicht mehr glauben, auch wenn die Menschen dich auslachen und du – wie ein menschlicher Fetzen – an den Wegrand geworfen wirst, er wird dich nie allein lassen. Er wird zu dir treten, wie er zur Mutter des Jünglings von Nain gegangen ist, wie zur öffentlichen Sünderin, wie zu Zachäus, und wird ganz einfach zu dir sagen: „Weine nicht" – „Deine Sünden sind dir vergeben" – „Ich will in deinem Hause bleiben". Er wird kommen wie der Samariter zu dem Mann, der am Wege lag. Er wird Wein und Öl auf die Wunden gießen, dich auf sein Lasttier setzen und an einen sicheren Ort bringen.

14 Ihr werdet Ruhe finden. In deiner Einsamkeit und deinem Leid, wenn dir die Hand eines Menschen fehlt, der dich aufhebt, beruhigt, Mitgefühl zeigt, dich besänftigt ... In deiner Einsamkeit und deinem Leid, wenn niemand imstande ist, dich zu befreien, dich zu stützen, dich zu trösten – wirst du stets ihm begegnen.

15 Zu meinem Gedächtnis. Wir sind eine Gemeinschaft, die an Christus glaubt. Wir feiern den Jahrestag seiner Geburt, seiner Qual und Auferstehung.

Wir feiern dies, denn wir erinnern uns; wir feiern, weil wir an ihn denken wollen. Jeder solche Jahrestag stellt uns ihn vor Augen mit der Aufforderung: „Schau, wie er war – dein Meister und Herr. Und du?“ Und jeder dieser Jahrestage will uns zur Größe führen: zu Vertrauen, zu Mut, zu Verzeihung, zum Frieden – zur Menschlichkeit.

DAS BLUT DES BUNDES, DAS FÜR VIELE VERGOSSEN 16
WIRD ZUR VERGEBUNG DER SÜNDEN. Das ist das heiligste Gebet, das ein Mensch formulieren konnte. Das größte Opfer, das ein Mensch für einen anderen bringen konnte. Der schönste Dank, den irgendwann ein Mensch Gott sagen konnte.
Die heilige Messe kann dein Gebet, dein Opfer, deine Danksagung werden.

FREIE SÖHNE. Die Kirche ist der Ort, wo du dich frei 17
fühlen sollst. Hier hat niemand das Recht, dich zu knechten. Hier brauchst du nicht zu lügen, dich nicht zu verstellen. Hier trittst du nicht vor ein Gericht, sondern vor den, der dein Gutes will, trotz allem und um jeden Preis: Du stehst vor dem, den du nicht zu fürchten brauchst.

18 WER MEIN FLEISCH ISST UND MEIN BLUT TRINKT. Aber vielleicht sind die Kirchen zu schön, die Tabernakel zu prächtig, die Liturgie zu feierlich, die Kirchensprache zu barockhaft, die Hierarchie zu pompös. Und wir haben vergessen, daß *wir* der Tempel des Heiligen Geistes sind, daß *wir* das auserwählte Volk, das heilige Volk, die königliche Priesterschaft sind, daß Gott in *uns* wohnt.

19 ERBARMEN WILL ICH UND NICHT OPFER. In unseren Gotteshäusern gibt es keinen Altar, auf dem ein Feuer brennt. Wir bringen keine Brandopfer dar. Denn wir wissen: Gott „will Erbarmen und nicht Opfer". Wir wissen: Auch wenn wir ihm unser ganzes Vermögen gäben, so nützte uns das nichts. Gott will uns selber.

Und wenn es so ist, wenn du das nicht vergessen willst, bringe ihm kleine Opfer dar. Nicht nur Abstinenz am Freitag, nicht nur die sonntäglichen Geldopfer, nicht nur Kerzen vor dem Altar und Blumen, sondern deine kleinen Unbequemlichkeiten, die der Tag mit sich bringt, deine kleine Opferbereitschaft, nach der die Bedürftigen ihre Hände ausstrecken.

20 DAMIT IHR GLAUBEND LEBEN HABT. Wie glauben, wenn es ringsum so viele Egoisten gibt?

Wie vertrauen, wenn ringsum so viele resignieren?

Wie lieben, wenn ringsum so viele unbarmherzig sind?
Wie glauben, vertrauen, lieben – wenn in uns selber soviel Mißtrauen, Unglaube, soviel Mangel an Liebe ist? Ist es nicht einfacher, sich von dieser Unruhe abzuwenden, Geld zu machen, seine Geschäfte zu besorgen, sich um die eigene Gesundheit zu kümmern?
Wenn wir das nicht tun, so deshalb, weil es, obwohl ein unscheinbares Flämmchen, uns doch den Weg weist, weil es, obwohl nur ein Krumen, uns dennoch nicht vor Hunger sterben läßt – weil es das Wertvollste ist, das es in uns gibt.
Und so, hin und her gerissen zwischen Glaube und Unglaube, zwischen Vertrauen und Mißtrauen, zwischen Liebe und ihrem Mangel, versammeln wir uns um den Altar, um von dem leben zu lernen, der sein Leben hingab für die Wahrheit.

DASS DU DEN SABBAT HEILIGST. Du darfst dich nicht besitzen lassen. Kein Ding – selbst das heiligste, kein Mensch – selbst der heiligste, darf dich völlig aufzehren. Du darfst dich selbst der größten Sache, selbst dem größten Menschen nicht völlig ergeben. 21
Weder Arbeit noch Liebe, noch Verlust, noch Sieg, noch Niederlage, noch Fehler dürfen von dir Besitz ergreifen.
Und deshalb mußt du feiern. Denn dies ist die einzige Rettung vor dieser Gefahr, die dir immerfort droht.

Und deshalb mußt du feiern, mußt ablassen selbst von diesen größten Dingen, weggehen selbst von diesen größten Menschen – um in der Perspektive des absoluten *Guten*, der *Wahrheit*, des *Schönen* Distanz zu gewinnen zu dir selber und zu allen deinen Dingen. Mußt sie nach ihrem Wert richtig einordnen.
Und deshalb ist die Fähigkeit zu feiern ebenso wichtig wie die Arbeit.

22 ER ZOG SICH AN EINEN EINSAMEN ORT ZURÜCK.
Wirf eine Decke über die Schulter, nimm dein Badezeug in die Hand und ein Buch unter den Arm – aber eins, das dir Freude macht –, setz die Sonnenbrille auf, nimm für den Kopf eine leichte Bedeckung und geh an den Strand. Breite die Decke aus, lege dich hin und versuche, an nichts zu denken.
Ach so, schlage vorher noch neben der Decke einen Stock in den Sand und hänge das weiße Handtuch darauf. Zum Zeichen, daß du dich ergibst. Du weißt: Viele deiner Geschäfte sind unerledigt, aber all das hört jetzt auf, dich zu berühren. Du wirst dich damit befassen, wenn dein Urlaub zu Ende ist.
Das alles wird nicht so einfach sein. Denn in den ersten Tagen wird es dich alle Augenblicke emporreißen: daß du dies und jenes noch nicht erledigt hast, daß du diesem etwas sagen und jenem etwas geben und wieder von einem anderen etwas bekommen mußt. Halte dich an der Decke fest, und wenn es dich

emporreißt, dann schau auf deine Fahne und erinnere dich daran: Du hast dich ergeben.
Vielleicht gibt Gott, daß du hörst, wie das Meer und der Wald rauschen, vielleicht entdeckst du, daß die Wolken über den Himmel gleiten, bemerkst, daß die Vögel singen und das Gras grün ist.

Es nahte sich das Fest. Du kannst nicht immerzu in Schürze, Kittel, Overall oder Trainingsanzug umherlaufen. Du kannst nicht ein Mensch sein, für den einziges Thema des Interesses, der Unterhaltung, des Handelns die Arbeit ist – auch wenn du noch so sehr darin engagiert bist. Du mußt auch Zeit haben für etwas, was nicht Arbeit ist. Und auch nicht Erholung. Sondern Feier. 23
Sei Gast. Komm, wenn man dich zu einem Festtag bittet. Benimm dich dann nicht wie bei der Arbeit. Hab keine Eile. Iß nicht, um satt zu werden. Trink nicht, um den Durst zu stillen. Sondern um zu feiern.
Sei Gastgeber. Tu dein Haus auf. Lad ein zu deinen Festtagen. Deine Wohnung – diese Maschine zum Essen, Schlafen und Arbeiten – verwandle sich in einen Gastsaal. Bereite einen festlichen Tisch vor. Unterhalte dich. Nicht, um etwas zu erledigen, sondern um zu allgemein menschlichen Problemen zurückzukehren, die dich wie auch andere bewegen.
Feiere. Sei Mensch.

24 In der Herrlichkeit seines Vaters. Wir mit unserem Lobgesang... Wir in unseren seidenen Gewändern, mit unseren edelsteinbesetzten Kelchen, in Kirchen, die von Gold strotzen. Wir inmitten unserer Zeremonien, Gesänge, Feierlichkeiten.

Ist die heilige Messe nicht eine Erinnerung an Jesu Leiden und Tod? Weshalb dann soviel Gold, Farben, Lichter, Musik?

Weil Christus nicht nur der Schmerzensmann ist, sondern auch der Auferstandene; der in der Herrlichkeit des Vaters sitzen wird.

Weil die heilige Messe nicht nur Erinnerung ist an Jesu Leiden und Tod, sondern auch Teilnahme an der göttlichen Herrlichkeit. Weil wir nicht nur beladen sind mit der Arbeit im Dienst der Menschen, sondern schon hier – durch so ein Leben – teilhaben an Gottes Herrlichkeit.

Deshalb feiern wir so, und dieses Feiern ist Symbol der Herrlichkeit, die sich uns im zukünftigen Leben voll offenbart.

25 Ruht ein wenig. Ruhe dich aus während der Ferien.

Schau, wie grün das Gras ist, wie blau der Himmel, wie weiße Wolken über den Himmel ziehen.

Wandere den Weg entlang zwischen den Feldern, über die der Wind streicht.

Streck dich aus am Ufer des Meeres und höre, wie es rauscht.

Vielleicht willst du diese Zeit anders verbringen. Gut. Wichtig ist nur, daß du selbst zu dir zurückkehrst, erneut deinen Rhythmus findest und wieder ruhig auf dich selbst blickst, auf die Menschen, die Geschäfte, auf die Welt – daß du dich wieder frei fühlst.

AM HEILIGEN TAG. Die Werkzeuge sind beiseite geräumt, die Maschinen abgestellt, die Zeichenbretter zugedeckt. Still sind die Fabrikhallen, leer die Büroräume, es schweigen die Telefone. *26*
Wir sind nicht nur dazu da, um Aufgaben zu erfüllen und zu arbeiten. Wir sind nicht nur dazu da, um körperlich und geistig zu arbeiten, um zu schreiben, zu rechnen, Dinge zu erledigen, einzukaufen, zu waschen, aufzuräumen und uns zu beeilen.

BARMHERZIGKEIT WILL ICH, NICHT OPFER. Wir leben nicht deshalb, um in die Kirche zu gehen. Aber wir gehen deshalb in die Kirche, um wie Menschen zu leben. *27*
Doch man unterscheidet uns von anderen daran, daß wir am Sonntag in die Kirche gehen. Aber schließlich sollte es doch anders sein: „Wenn ihr einander liebt, werden alle daran erkennen, daß ihr meine Jünger seid."

28 MEINE KIRCHE. Alles, was die Kirche ist oder was sie darstellt: die Sakramente mit der Eucharistie; die Liturgie mit den verschiedenartigsten Gottesdienstformen, Riten, Prozessionen, Weihen – im Rhythmus des liturgischen Jahres vom Advent bis zur Herabkunft des Heiligen Geistes; die Hierarchie von den Kaplänen über die Prälaten, Kardinäle bis zum Papst; das, was wir die Lehre der Kirche nennen, einschließlich der schlichten Predigt und der tiefschürfenden Analyse der Theologen; die kirchliche Kunst im ganzen Reichtum der Musik, der Paramente, der Gefäße, der Architektur, der Malerei, der Bildhauerei, des Kirchenschmucks – alles, was die Kirche ist oder was sie darstellt, hat nur ein Ziel: daß du mehr glaubst, mehr vertraust, daß du mehr liebst.

29 WIR ABER HOFFEN. Es gibt die Zeit der Menschen wie Judas, die Jesus verkaufen, der Menschen wie Petrus, die ihn vor einer Magd verleugnen, der Menschen wie Tomas, die immer wieder sagen, sie würden nicht glauben, solange sie ihn nicht sähen, die Zeit der enttäuschten Jünger, die nach Emmaus unterwegs sind. Das ist die Zeit der Berechnenden, Vorsichtigen, Erschrockenen, Trägen. Und selbst dann noch kannst du ihm begegnen. Noch einmal, vielleicht das letzte Mal, stellt er sich uns in den Weg, um zu fragen: Wohin gehst du?

FOLGE MIR. Auf einem anderen Wege offenbarte sich Jesus dem Petrus, auf einem anderen dem Zachäus, auf einem anderen der Magdalena, wieder auf einem anderen dem Nikodemus, auf einem anderen dir. Und nicht nur einmal. Zum Beispiel offenbarte er sich dem Petrus: beim wunderbaren Fischzug, auf dem Palasthof des Hohenpriesters, nach der Auferstehung am Ufer des Sees. 30
Das Christentum ist keine Uniform, die du anziehst. Das Christentum – das ist Christus, der dir in den Weg tritt oder dem du entgegengehst.

DER SABBAT IST UM DES MENSCHEN WILLEN DA. 31
Wie gut ist es, daß es den Advent, Weihnachten, die Fastenzeit, Ostern und die Sonntage gibt. Wie gut ist es, daß wir Achtung vor diesen Institutionen haben und uns ihrem Rhythmus unterordnen trotz unserer Lässigkeit, trotz unserer Launen, trotz unseres Strebens nach Ungezwungenheit, nach ungezügelter Freiheit und Modesucht. Und am Sonntag gehen wir in die Kirche zur heiligen Messe und enthalten uns schwerer Arbeit, am Freitag halten wir Abstinenz, im Winter feiern wir den Jahrestag von Christi Geburt, im Frühjahr den seines Leidens und seiner Auferstehung, im Sommer den Tag der Herabkunft des Heiligen Geistes.
Wie gut ist es, daß wir am Weg unserer Tage die Feiertage aufgestellt haben, die uns herausreißen aus unserer Kleinheit.

August

Das Maß der Liebe

NUR EINES IST NOTWENDIG. Zu viele Menschen, zu viele Pflichten, zu viele Sorgen, zu viele Jahre. 1
Zu wenig Zeit, zu wenig Geld, zu wenig Geduld.
Zu wenig Liebe.

DU SOLLST DEN HERRN, DEINEN GOTT LIEBEN. Erst dann wirst du dich in vollem Licht sehen, wenn du deinen Platz findest, wenn du entdeckst, daß er dich als Person behandelt, sich für dich interessiert, dich liebt: sich darüber freut, daß du *da* bist und daß du *so* bist; daß er alles, was dein ist, annimmt, auch wenn es von Vollkommenheit weit entfernt ist; daß er dir deine Fehler nachsieht, wenn du dich wenigstens zu einer Geste der Entschuldigung aufraffst. 2
Erst dann bist du imstande, alles aus dir zu geben, wenn du ihn liebgewinnst: wenn dir daran liegt, daß

du dich nicht bloßstellst in seinen Augen, daß er in dir nicht enttäuscht wird; wenn allein seine Meinung von dir für dich von Bedeutung ist.

3 Welches ist das grösste Gebot. Glaubst du noch an Liebe? Glaubst du, daß es einen Menschen geben kann auf der Welt, der etwas um deinetwegen tun kann, nicht nur um des eigenen Interesses willen. Glaubst du an Liebe: daran, daß auch du selbstlos leben kannst – dasein kannst für einen anderen, nicht nur für dich selber.
Und ich frage dich danach um so mehr, je älter du bist. Je mehr du dir an den Menschen und an dir selber die Finger verbrannt hast. Je mehr du alle wohlgeformten Worte, jedes süße Lächeln, jede Herzlichkeit, alle Geschenke und geleisteten Dienste durchschaut hast – die dir alle nur Schein sind, hinter dem sich stets Eigeninteresse versteckt.
Aber du kannst nicht umhin, es zu glauben. Schließlich ist ja so ein selbstloses Leben die Bedingung deines Menschseins – deiner Erlösung.

4 Denn sie hat viel geliebt. Hast du schon einmal im Leben gesagt: „Wie gut, daß es dich gibt", „Wie gut, daß du gekommen bist, daß du angerufen, dich gemeldet hast"? Hast du dich wenigstens einmal im Jahr für etwas begeistert und aufgehört, allein zu

sein – hast aufgehört, Furcht zu haben: vor der Welt, den Menschen, dir selber, vor deiner Krankheit, deinem Tod. Bist du zumindest einmal im Leben glücklich gewesen.
Aber vielleicht hast du einmal im Leben noch etwas mehr erfahren? Vielleicht fühltest du Augen auf dich gerichtet, die sagten: „Wie gut, daß es dich gibt.“ – Vielleicht hast du nicht nur geliebt, sondern wurdest geliebt.
Und liebst du jetzt? Wirst du noch geliebt? Sage nicht: jene Zeiten sind vorbei. Zeiten können immer herrlich sein. Alles hängt nur von dir ab. Schau um dich mit der gleichen Frische wie damals. Dann wirst du prächtige Menschen entdecken und wahrhaft wichtige Dinge sehen.

WENN DU GLAUBST. Wir sind uns gar nicht bewußt, 5
wie sehr wir an der Welt hängen, mit ihrer Biologie verwachsen, mit ihrer Materie verbunden sind; wie sehr wir zu der Gesellschaft gehören, in der wir leben: wie wir in ihren Kategorien denken, ihren Ideologien erliegen, mit ihren Reflexen reagieren, in ihrem Rhythmus atmen.
Wir sind uns nicht bewußt, wie sehr die Angst vor dem Tod den Weg unserer Taten markiert; wie sehr der Tod Motor unserer Verfehlungen ist: wenn wir uns andere zunutze machen, um uns zu schonen, wenn wir Konkurrenten am Boden zerstören, um die eigenen Chancen zu verbessern, wenn wir mit allen Mitteln materielle Güter sammeln.

Und deshalb gewinnt jede gute Tat so großes Format. Deshalb ist es so schwierig, sich aufzuopfern, zu verzeihen, zu vertrauen, zu lieben, denn das ist immer ein Schritt ins Dunkle: ein Risiko, sich geringer zu machen, sich zu zerstören, dem Tod näher zu kommen.

6 DEINE FREUNDE. Wir begegnen einander und trennen uns wieder.
Kleine Höflichkeiten, Artigkeiten, gegenseitige Gefälligkeiten, Herzlichkeit, Sympathie, feste Kontakte, Freundschaften, Fälle von Aufopferung. Danach nimmt man meist offiziell Abschied voneinander, oder man trennt sich unbemerkt. An die Stelle früherer Bekanntschaften treten neue, und neue Verpflichtungen entstehen; du mühst dich ab für jemand anderen, opferst dich für ihn auf.
Die Strömung der Liebe: Manchmal ist sie tief verborgen, kaum wahrnehmbar, manchmal tritt sie in den Vordergrund, wird zum wesentlichen Inhalt des Lebens. Aber sie muß immer gegenwärtig sein. Ihr Fehlen bedeutet den Tod der Seele. Das, was wir prosaisch Selbstsucht nennen.

7 DU SOLLST DEINEN NÄCHSTEN LIEBEN. Wenn du am liebsten alle mit dem Vornamen anreden möchtest, wirst du immer einsam sein. Wenn du mit aller

Welt Freund sein willst, wirst du gar keinen Freund haben. Wenn du in alle verliebt sein willst, wirst du niemand wahrhaft lieben.

ALLEIN. Stoß nicht die Hand weg, die deinen Schal glättet, dir über die Haare streicht, den Staub von deinem Mantel klopft; reg dich nicht auf, wenn man dich danach fragt, wie du dich fühlst, ob du Kopfweh hast, ob du nicht erkältet bist, wie du geschlafen hast, ob dich ein Kummer quält; klage nicht, daß man sich für dich interessiert, sich in deine Angelegenheiten mischt; beschwere dich nicht, daß man dich ermahnt, warnt, zu überzeugen versucht. Denn es wird dazu kommen, daß du niemanden etwas angehst, niemand dich fragt noch warnt noch um etwas bittet. Es wird geschehen, wie du gewollt hast: Niemand wird sich mit dir befassen. Du wirst allein bleiben. Und wenn dann die Tragödie kommt, fehlt dir vielleicht die Hand, die dich retten könnte vor der Verzweiflung. 8
Stoß die Liebe nicht von dir fort, denn sie ist nicht bis ins Unendliche zu finden.

SIE SETZTE SICH ZU FÜSSEN DES HERRN UND HÖRTE AUF SEIN WORT. Liebst du? Gibt es einen Menschen, nach dem du dich sehnst, den du bewunderst, den du verehrst, für den du viele unglaubliche Dinge tust, nur um ihm eine Freude zu bereiten; dem du im- 9

merzu dankbar bist für jedes Wort, für jedes Lächeln; dessen du dich immerzu unwürdig fühlst; bei dem du immer sein willst, um von seinem Lichte zu empfangen? Liebst du jemanden?
Liebst du nicht mehr? Du bist wie ein erloschener Vulkan. Manchmal berührst du mit mißtrauischer Hand die kalte Lava, schaust mit verwunderten Augen auf deren phantastische Formen und fragst erstaunt: War ich das? Ich, der ich jetzt nur darum besorgt bin, daß es mir gut geht?

10 DAS IST DAS GRÖSSTE UND ERSTE GEBOT. Geben, borgen, begleiten, entgegenkommen, besuchen, helfen, behüten, dienen – sein Geld opfern, seine Zeit, sich selber. Nicht deshalb, damit sie sich später revanchieren, dich besuchen, dir entgegenkommen, dir helfen, dich behüten, dir Dienste leisten; nicht deshalb, damit sie dir danken, dich belohnen, dir ihr Geld opfern, ihre Zeit, sich selber. Sondern deshalb, weil es so sein muß, nicht anders sein darf – um der moralischen Pflicht willen, um der Ehrlichkeit, um der Gerechtigkeit, der Wahrheit, des Schönen und Guten willen. Das ist wahre Liebe.

11 GEBT, SO WIRD EUCH GEGEBEN WERDEN. Du wirst dann bekommen, wenn du gibst. Geiz, Gier, Neid verschließen dich in sich. Wenn du alles behalten willst, wenn du nicht teilen willst, damit andere nicht

von dir lernen, damit andere dir nicht ebenbürtig werden – dann verschließt du nicht nur dich vor ihnen, sondern verschließt auch sie vor dir.
Wenn du gibst, öffnest du dich anderen. Und nur dann wirst du bekommen.

Dass nicht das Licht in dir Finsternis sei. 12
Wundere dich nicht, wenn dich Worte erreichen, die du nie ausgesprochen, angebliche Taten, die du nie begangen hast. Beklage dich nicht, wenn die Menschen immerfort hinter deinem Rücken flüstern, dir Übeltaten nachsagen, böse Absichten unterstellen. Das ist der Preis deiner Freiheit. Der Preis dafür, daß du jemand bist. Angesichts des eigenen, verpatzten Lebens neiden sie es dir, daß du denken kannst, daß du keine Angst hast vor dem offenen Wort, daß du zu Taten fähig bist. Sie verzeihen dir dein Glück nicht. Sie können dich nicht ertragen, weil du ihnen Gewissensbisse verursachst.
Aber auch du hab acht. Wenn in deiner Seele Unruhe, Trauer und Zorn aufkeimen, weil einem anderen das Leben gelungen ist, weil jemand frei, schöpferisch ist. Entweder wirst du dieses Licht töten wollen, damit es zur Finsternis werde wie du selber. Oder du wirst es anfachen, damit es noch heller leuchte. Dann hast du Chancen, daß auch dein Licht aufscheint.

13 In dem kein Falsch ist. Was verbirgt sich hinter ihren höflichen Grüßen, lächelnden Mienen, wohlwollenden Worten, ihren Gefälligkeiten. Wie denken sie wirklich über dich? Wie über einen Gegner oder wie über einen Freund?
Was verbirgt sich hinter deiner Herzlichkeit, deiner Höflichkeit? Wie denkst du wirklich über die Menschen, mit denen du zusammen arbeitest, denen du unterstellt bist, die du führst? Wie über Feinde oder wie über Freunde? Strebst du danach, sie fertigzumachen, oder willst du ihnen eine Hilfe im Leben sein?
So sehr haben wir die Kunst der Täuschung gelernt, daß wir nicht mehr fähig sind, zu erraten, wie die Menschen zu uns stehen; daß wir nicht mehr fähig sind, zu erraten, wie wir selber sind.

14 Dir geschehe, wie du willst. Von dir hängt es ab, ob du einsam sein wirst.
Du selbst entscheidest darüber, ob du für andere notwendig bist. Du selbst schaltest dich aus ihrem Leben aus, und nur du selbst kannst zu ihnen zurückkehren.
Ein anderer Mensch kann dir helfen: durch Güte. Genauso kannst du einen anderen aus dem Bannkreis seiner Einsamkeit herausreißen, indem du ihm deine Güte schenkst.

FREUNDE. Ich wünsche dir, du hättest einen Menschen, der dich selbst dann nicht verrät, wenn er damit ein gutes Geschäft machen könnte. Daß du ruhig neben ihm hergehen kannst, ohne fürchten zu müssen, er könnte dich vom Wege drängen. Daß du ihn ruhig vor dir hergehen lassen kannst in dem Bewußtsein, daß er dir nicht den Weg versperrt. Daß du ihn ruhig hinter dir wissen kannst ohne Angst, daß er dir ein Messer in den Rücken stößt. – Daß du einen Menschen hättest, der für dieses loyale Verhalten dir gegenüber nicht nach deiner Freiheit, nicht nach deiner Freizeit – nicht nach dir selbst greift. 15
Ich wünsche dir, daß du deinen Freund selbst dann nicht verrätst, wenn du damit ein gutes Geschäft machen könntest ... Daß du für dieses loyale Verhalten keinen ausschließlichen Platz in seinem Leben, in seinen Gedanken, in seiner Zeit forderst. Daß du nicht ihn mit Beschlag belegst, als wäre er dein Eigentum.

WENN IHR NUR DIE LIEBT, DIE EUCH LIEBEN. Du kannst nicht leben in der Hülle deiner Einsamkeit. Du brauchst die Überprüfung deines Handelns durch Menschen, die dich umgeben; brauchst Annahme oder Tadel; einen Händedruck, einen Gruß, ein Lächeln, ein gutes Wort, Anerkennung, Bewunderung oder nicht – wenn es nur nicht Gleichgültigkeit ist. Schau, neben dir ruft ein Mensch am Rande der Ver- 16 zweiflung: „Hier bin ich! Hier bin ich!" – Und während er sich ratlos umschaut, wartet er auf eine Antwort, aber nur das Echo des eigenen Schreis dringt an sein Ohr. Bemerke ihn.

17 DAMIT SIE EINS SEIEN. Wir sind wie kommunizierende Röhren. Wir sind wie Quellen von Licht. Wir sind wie Wärmequellen. Gemeinsam stärken wir uns durch das Gute, gegenseitig ersticken wir uns durch das Böse. Also hängt von deiner Heiligkeit die Heiligkeit der Menschen ab, die mit dir verbunden sind: deiner Freunde, Kinder, Untergebenen, deiner Mitarbeiter, deiner Schüler.
Wie stark ist das Licht in dir? Wie groß der Kreis der Menschen, die aus deiner Wärme schöpfen? Umfaßt er auch die Verstorbenen?
Du willst dich von deiner Größe überzeugen? Schau auf die Menschen, die neben dir leben.

18 DARAN WERDEN SIE ERKENNEN, DASS IHR MEINE BRÜDER SEID. Was weißt du von deinen Nachbarn hinter der Wand. Daß sie manchmal zu laut das Radio oder den Fernseher anstellen? Daß sie ihren Namens- und Geburtstag allzu geräuschvoll feiern? Grüßt ihr einander? Hast du sie einmal besucht? Sie einmal zu dir eingeladen? Kam es vor, daß du auf ihre

Kinder aufgepaßt hast, daß du ihnen Essen brachtest, wenn sie krank waren, ihnen Brot oder Geld borgtest? Gehen dich die Menschen etwas an, die neben dir leben? Bist du ein Christ?

DER INS VERBORGENE SIEHT. Maß unseres Glaubens ist jenes Randgebiet unseres Handelns, für das niemand uns bezahlt: weder mit Geld noch mit Gegenleistungen, noch mit Dankbarkeit. Maß unseres Glaubens ist das Randgebiet der guten Taten, um die niemand weiß. Maß des Glaubens ist unsere Menschlichkeit. 19

Denn sonst sind wir wie die Pharisäer, die an den Straßenkreuzungen Almosen an die Armen verteilten, um gesehen zu werden.

DER BESITZER. Hüte dich, Liebe zu mißbrauchen. 20
Ob es um einen Freund oder ein Mädchen, um Ehemann oder Ehefrau, um Eltern oder ein Kind geht, du bist in Versuchung, aus der geliebten Person dein Eigentum zu machen. Von jedem Schritt des anderen willst du wissen, alle seine Freunde kennenlernen, seine Arbeits- und Freizeit kontrollieren, immer mit ihm zusammensein, ihn nicht aus den Augen lassen, ihn ausfragen, ihm nachspüren; du willst ihn nur für deine eigenen Interessen und Probleme haben, ihn mit dir selbst ganz erfüllen, damit ihm keine Zeit

bleibt zu selbständigem Denken, zu eigener Initiative, zu einem persönlichen Leben; du willst ihn an dich binden mit Bitten, Betteln und Warnungen, ihn abhängig machen von deiner Entscheidung, ihn deinem Leben unterordnen, ihm dein Schema und deine Ansichten über große und kleine Dinge aufzwingen, ihn nach deinem Bildnis formen, mit Gewalt oder Tricks seine Gedanken und Reaktionen nach deinem Muster lenken.
Bis du schließlich jede Frage und Antwort kennst, jede Reaktion und jeden Gedanken. Und das ist das Ende. Nicht das Ende der Liebe, denn die gibt es dann schon längst nicht mehr. Es ist einfach Langeweile. Und dann wirst du weggehen. Es sei denn, der Mensch, der dich vor langer Zeit geliebt hat, vermochte schon früher zu fliehen, um Freiheit und Persönlichkeit zu retten.

21 DIE FEINDE DES MENSCHEN WERDEN SEINE EIGENEN HAUSGENOSSEN SEIN. Du kennst die Kleider, Röcke und Blusen deiner Frau ganz genau. Du kennst das Gesicht, das sie macht, wenn sie sich früh vor dem Spiegel kämmt oder wenn sie sich schminkt, bevor sie in die Stadt geht. Du kennst ihre Sprüche und weißt, was sie über die Nachbarinnen denkt. Und das alles regt dich immer mehr auf. Bis du plötzlich erfährst, jemand interessiere sich für sie, habe sich sogar in sie verliebt. Das versetzt dich in großes Erstaunen. Verliebt? Worin? In ihre abgelatschten

Pantoffeln, in ihre sichtlich häßlichen Ohren, in ihre halbzerrissenen Schürzenbänder? Schließlich kennst du sie am besten.
Nein, du kennst sie nicht. Sicher warst du damals der Wahrheit näher, als du sie zum erstenmal sahst.

GIB RECHENSCHAFT! Warum unterscheidet man so leicht ein verheiratetes Paar von einem unverheirateten – auf der Straße, in der Eisenbahn, im Kino? Weil in der Ehe keine Gefahr der Trennung mehr droht? Weil du, als du vom Altar kamst, es Gott allein überlassen hast, die Liebe zu bewahren; weil du dachtest, das Sakrament gebe dir eine ewige Garantie? 22
Warum sorgst du dich nur um dein Aussehen, wenn du aus dem Haus gehst? Warum lächelst du erst dann und kannst so bezaubernd plaudern, wenn liebe Gäste zu Besuch kommen?
Die Liebe in der Ehe kann man nicht wachhalten im schmutzigen Morgenrock und mit ungepflegten Haaren. Man kann sie nicht schützen mit unrasiertem Bart, mit Eifersucht und Szene.
Wenn jede Liebe eine Blume ist, dann ist es auch die eheliche Liebe, aber sie ist wie jede gewöhnliche Blume nicht unsterblich.
Wenn die Liebe ein Schmetterling ist, dann ist sie ein lebendiger Schmetterling, kein präparierter unter Glas.
Ein echter, lebendiger Schmetterling. Man muß darauf achten, daß er nicht wegfliegt.

23 DENN SIE WERDEN GOTT SCHAUEN. Wir haben das Tabu der Sexualität zerstört. Wir haben alles gesagt, alles gezeigt, was Physiologie und Psychologie des Menschen betrifft. Wir haben das Geheimnis der Ehe beseitigt. Wir haben Jungfräulichkeit, Zölibat, eheliche Liebe verlacht. Nichts gibt es in diesem Lebensbereich, was nicht verspottet worden wäre.
Und doch quält uns die Unruhe, als sei uns etwas sehr Wichtiges entglitten. Etwas, was für unser Menschsein so wesentlich ist: Wir wissen immer weniger, was Liebe ist.

24 ER SPRACH ZUM WIRT: SORGE FÜR IHN. Wir sind sogar geneigt, die Rolle des Samariters zu spielen und einen Menschen aufzuheben, den wir nicht mögen, seine Wunden zu salben und ihn in die Hände eines Wirtes zu geben; diesem Geld dazulassen und das Versprechen, zurückzukehren.
Häufiger aber erleben wir uns in der Rolle dieses Wirtes, vor dessen Schwelle Gott einen armen Menschen gelegt hat, damit wir uns seiner annehmen. Wir können die Tür auch geschlossen halten.

25 VON MITLEID GERÜHRT. Christliche Liebe ist kein stures Handeln. Christliche Liebe kann nicht etwas sein, das du der Welt aufdrängen, kein Wert, mit dem du andere beglücken willst.

Christliche Liebe ist wahre Liebe, also Aufmerksamkeit und Offenheit für all das, was um dich herum geschieht. Erst aus dieser Offenheit folgt – wenn du erkannt hast, daß sie nötig ist – die Tat: indem du Böses verhütest, indem du hilfst. Aber zuerst kommen die Aufmerksamkeit und Offenheit, die du deiner Umgebung entgegenbringst. Denn andernfalls tust du den Menschen nur unrecht mit einer Tat, der du das Etikett christlicher Liebe aufklebst.

WENN IHR DIE LIEBE HABT. Jeder von uns ist anders. Jeder von uns hat andere Begabungen, unterschiedliche Auffassungen, Meinungen, Gebräuche, Lebensformen. Jeder stellt eine andere Welt dar. Deshalb muß es zu Zusammenstößen kommen, in Einzelheiten wie auch im Grundsätzlichen. Und das ist normal. Das Anomale beginnt dort, wo der Wille zur Ausschließlichkeit dich packt – der Wille, deine Gegenspieler zu beherrschen, jene zu vernichten, die anders sind: deine Weltordnung für alle verbindlich zu machen. *26*

Es fällt leichter, nachsichtig zu sein gegenüber einer Schwäche, einem Gebrechen, gegenüber Hilflosigkeit und Laster. Aber ein Talent anerkennen, tolerieren, nicht behindern, ja sogar unterstützen, mit ihm zusammenarbeiten, bei der Entwicklung helfen, bewundern – das ist nicht mehr Gerechtigkeit, sondern Heroismus.

27 WEHE EUCH. Laß dich nicht anschreien. Frage nach Gründen, nach dem Recht, nach der Billigkeit. Frage, ob nicht auch die andere Seite Schuld trägt. Und selbst wenn du dich, vom Geschrei erschreckt, zu Boden duckst und kein Wort hervorbringen kannst, dann schweig wenigstens, fange nicht an, dich an die Brust zu schlagen, dich zu entschuldigen.

Laß dich nicht anschreien. – Es sei denn, es geschehe aus Liebe. Dann kann selbst ein Schreien dir Freude bringen.

Brüll nicht selber. Auch wenn du im Recht bist. Schreien ist unmenschlich. Schrei die Menschen nicht an. Du hast kein Recht dazu. Du quälst sie damit. Selbst wenn sie zuhören, so geschieht es mit Haß, weil du ihr Menschtum mit Füßen getreten – weil du ihnen Unrecht getan hast.

Schrei die Menschen nicht an. – Es sei denn, es geschehe aus Liebe. Denn in der Liebe ist immer auch Freude.

28 GEBT. Das Teuerste für jeden Menschen ist die Zeit. Und um nichts zittern wir so wie um die Zeit. Und mit nichts sparen wir gegenüber anderen so wie mit der Zeit. – Und es gibt kein größeres Geschenk, das wir einem anderen geben können, als die Zeit. Einem anderen Menschen Zeit widmen, das heißt versuchen, in ihn hineinzuhören, ihn zu verstehen, ihm zu helfen – teilzunehmen an seinem Leben.

Maß für die Klugheit eines Menschen ist es, wie er seine Zeit einteilt. Maß für die Liebe ist es, wie er einem anderen Menschen seine Zeit schenkt.

NICHT VOM BROT ALLEIN LEBT DER MENSCH. Von einem guten Wort kann man einen Augenblick, eine Stunde, zwei Stunden, einen ganzen Tag leben. Ein gutes Wort ist fähig, dich zu retten im Augenblick der Verzweiflung. Ohne ein gutes Wort lebt es sich schwer. Deshalb schäme dich nicht, daß man dich gelobt hat, verachte das gute Wort nicht. Fürchte nicht, es könnte dir den Kopf verdrehen. Schließlich fallen ja noch genügend böse Worte täglich auf dich nieder. Von einem guten Wort kann man lange leben. Deshalb gib es den Menschen, wenn sie es verdienen. Denn sie haben es nötig, daß ihr Mitmensch sie annimmt. Denn ohne das lebt es sich schwer. Fürchte nicht, es könnte ihnen den Kopf verdrehen. Sie bekommen täglich ihr Maß an bösen Worten. Nicht nur von anderen Leuten, auch von dir. 29

SIE SAGTEN ZU IHM: ALLE SUCHEN DICH. So lange bist du groß, wie du der *Sache* dienst. Je mehr du dich für sie einsetzt, um so mehr Menschen folgen dir, ohne Zeit oder Geld zu scheuen. Aber alle werden fortgehen, sobald du aus der *Sache* ein Geschäft für dich machst. Wenn dann jemand bei dir bleibt, so nur aus Mitleid und in der Hoffnung auf deine Umkehr. 30

31 GROSSE VOLKSSCHAREN FOLGTEN IHM. Wir ertragen die Masse nicht. Wir sind nicht fähig, die Menschen zu umarmen, die von allen Seiten zu uns drängen. Wir sind nicht imstande, ihr Leid anzunehmen, das uns umgibt. Denn selbst wenn du den ganzen Tag weintest, so könntest du das menschliche Unglück nicht ausweinen. Denn selbst wenn du den Menschen ein Leben lang helfen würdest, so wäre es nur ein Tropfen im Meere menschlicher Not. Denn selbst wenn du das Herz für jeden Suchenden öffnetest; wie vielen könntest du es schenken – zehn, hundert, tausend? Und was ist mit den übrigen?

Wir ertragen die Masse nicht. Wir stehen da, terrorisiert vom Übermaß menschlichen Schmerzes. Und wir schließen das Visier, schlüpfen in einen Panzer, um uns zu verteidigen, um auszuhalten, um zu leben. Kaltblütig ordnen wir die Menschen schematisch ein – als Vorübergehende, Händler, Beamte, Kunden, Bekannte. Einsam, unerreichbar schauen wir mit gläsernem Blick auf alle und gehen so durchs Leben. Ohne uns über etwas zu wundern, ohne jemandem zu grollen.

Wie leben?

Nach dem Maß der Gnade, die Gott dir geschenkt hat, nach der Größe deines Herzens, deiner Empfindlichkeit erfasse mit deiner Liebe alle, die zu dir kommen.

September

Die Hoffnung verwandelt alles

ER WEISS. Ich weiß nicht, welch weiteres Leben Gott dir bestimmt hat, noch du weißt es. Das ist nicht unsere Sache. Wichtig ist, daß du weißt: Er hat es dir bereitet. Wichtig ist, daß du weißt: Er wird immer mit dir sein, er setzt auf dich, so wie er will, daß du auf ihn setzt. *1*

SCHRECKEN UND ENTSETZEN HATTE SIE ERFASST. Ja. Niemand hat dich gefragt, ob du leben willst. Niemand hat dich gefragt, ob du, wenn du es schon willst, einverstanden bist mit einem solchen Leben. Ob du leben willst, das Gespenst des Todes vor Augen? Vielleicht sagst du sogar: „Hätte ich gewußt, daß mein Leben so aussehen wird, ich hätte vorgezogen nicht zu leben." 2

Aber in Wirklichkeit hattest du keine Wahl. Klage also nicht vor dir und den Menschen, daß die Eltern

dich nicht richtig geleitet haben und daß du eine langweilige Kindheit hattest. Daß du auf Menschen trafst, die deine Entwicklung gestört haben. Daß man dir Unrecht tat und daß du krank warst. Trag deine Klagen nicht vor dir her.
Es ist dein Schicksal. Du mußt es annehmen und mit Würde tragen. Es ist dir von dem gegeben, der dich liebt.

3 HEUTE MUSS ICH IN DEINEM HAUSE BLEIBEN. Achte auf deine Gegenwart. Schau nicht rückwärts – nur insofern, um Schlüsse zu ziehen aus den erlittenen Niederlagen und den erreichten Erfolgen. Starre nicht in die Zukunft – nur insoweit, um die Richtung nicht zu verlieren. Deine Gegenwart soll so deutlich wie möglich, soll absolut ehrlich sein, behandle sie mit größtem Ernst. Sie bestimmt dich: sie bestätigt oder löscht deine Vergangenheit. Sie legt deine Zukunft fest durch deine aktuelle Entscheidung.
Hinter dir ist bereits der Vorhang der Vergangenheit. Vor dir das Ungewisse. Du aber achte vor allem auf deine Gegenwart.

4 DEINE ZEIT. Starre nicht wie gebannt auf deine Vergangenheit. Denn mit immer größerem Entsetzen wirst du feststellen, wie viele Gelegenheiten, Möglichkeiten du versäumt hast – sie sind unwiderruflich

dahin. Starre nicht zurück auf die Vergangenheit, denn deiner Hand werden neue Möglichkeiten und Chancen entgleiten, die du sofort ergreifen mußt, die du nicht verpassen darfst. Andernfalls wirst du in einem Jahr, vielleicht schon nach ein paar Stunden dieser vergangenen Zeit nachtrauern.
Starre nicht zurück auf die Vergangenheit, sondern nimm das, was Gott dir jetzt in die Hand gibt.

ER GING TRAURIG DAVON, DENN ER HATTE VIELE 5
GÜTER. Wenn du wenigstens einmal im Leben aufhörtest, Furcht zu haben. Wenn dir wenigstens einmal im Leben nicht daran läge, was die Menschen über dich reden. Wenn du wenigstens einmal im Leben dich nicht sorgtest um deine Geschäfte, sondern dich ganz einsetztest für die *Sache*. Wenigstens einmal im Leben ganz selbstlos beginnen würdest, jemand zu helfen. Wenigstens einmal im Leben begeistert wärst. Zumindest einmal im Leben ...
Dann wirst du Sehnsucht danach haben. Dann wirst du nie mehr zufrieden sein mit deiner Schläue, mit deiner Raffgier. Ganz gleich, welch mächtigen Posten du erlangst, wieviel Geld du anhäufst.
Sei wenigstens einmal im Leben frei. Dann sehnst du dich immer nach so einem Leben.

6 FÜRCHTET EUCH NICHT. Fange nie an, dich zu fürchten, denn du wirst damit nie mehr aufhören. Beruhige dich nicht damit, daß du nur erst dein Leben einigermaßen sichern willst, daß sich der Sturm erst einmal legen muß – und du dann aufhören wirst, dich zu fürchten. Das ist nicht wahr. Je weiter du hinaufsteigst, je mehr du hast, desto mehr wird in dir die Angst um all das Erreichte, um alle deine Lieben, um dich selber wachsen.

Fürchte dich nicht. Lebe nicht in der Angst. Was hast du von einem solchen Leben? Gott hat uns für das Glück geschaffen.

7 WENN GOTT SCHON DAS GRAS DES FELDES SO PRÄCHTIG KLEIDET, WIEVIEL MEHR EUCH, IHR KLEINGLÄUBIGEN. Fürchte weder die Gegenwart noch das Vergangene noch die Zukunft; weder die Menschen noch die Welt; weder Fragen noch Antworten; weder Briefe noch Telegramme; weder Kollegen noch Vorgesetzte.

Laß dich nicht schrecken, wenn du nachts von Katastrophen, von Krankheit und menschlicher Mißgunst träumst. Tritt furchtlos hinaus in den beginnenden Tag.

Vertrau darauf: Sowohl du wie die Welt, die du so fürchtest, sind in seiner Hand. Vertrau mit ganzem Herzen, trotz des Aufruhrs, der in dir wächst, und trotz des Zwangs, den du von außen zu spüren glaubst. Gott sieht besser, als deine Augen sehen können.

VERTRAU. Was denkst du von dir? Daß du genial bist? Sehr intelligent? Was ist geblieben von deinen „Träumen von Kraft“? Was von deinen jugendlichen Träumen von Größe? – Der erloschene Blick eines Menschen, der nur noch sein bescheidenes Auskommen und Ruhe sucht. 8
Dabei stecken in dir noch Möglichkeiten, die du nicht einmal spürst. Du bist fähig zu Taten, von denen du nicht in kühnsten Ahnungen geträumt hast. In dir schlummert Größe.

DER IHN ÜBERLIEFERTE. Hab Vertrauen zu dir. Hab Vertrauen, daß du ehrlich sein kannst, daß du dich mit Würde benimmst, daß du nicht zum Verräter, daß du nicht feige wirst, nicht gemein, daß du deinen Aufgaben gerecht wirst, daß du erfüllst, was dir übertragen, daß du fähig bist, zu lieben und treu zu sein. Hab Vertrauen zu dir. 9
Hab Vertrauen zu einem anderen Menschen. Daß er dich nicht allein läßt. Daß er dir die Treue hält, daß er dich in der Krankheit nicht verläßt, daß er dir hilft, dich versteht, daß er seinen Fehler entdeckt.
Hab Vertrauen zu einem anderen Menschen. – Hab Vertrauen zu dir.
Und selbst wenn du dich getäuscht hast, denke daran: Dies ist ein Einzelfall, der dein Vertrauen nicht zerstören darf.

10 DIE IHR MÜHSELIG UND BELADEN SEID. Du wolltest viel Geld gewinnen. Mit der ganzen Schüchternheit deiner acht Lebensjahre tratest du an den Automaten. Du warfst das erste Geldstück ein, das noch warm war von deiner zitternden Hand. Die Zahlen liefen, du drücktest „Start“ oder „Stop“, aber vergeblich. Du warfst das zweite Geldstück ein, dann das dritte, schließlich das letzte. Irgendwann einmal – du weißt es noch, obwohl es schon so lange her ist – hatte dein Vater gesagt, daß aus dir nichts würde.

Und so erinnerst du dich auch jetzt noch genau: Einmal hat ein Spielkamerad dich jämmerlich verprügelt, und als du weinend nach Hause liefst, warf er dir ein Wort hinterher, das schwerer traf als der heftigste Schlag: „Du Trottel.“

Und später ging die große Liebe an dir vorüber. Tatsächlich. Du legtest dir die Sätze zurecht, die du sprechen wolltest, du plantest ein Treffen. Ja, du schriebst einen langen Brief, aber schließlich wurde er nie abgeschickt. Kürzlich hast du erfahren, daß sie dich auch geliebt hat, aber sie wagte nicht, es dir zu gestehen.

Du schaust dich um und stellst fest: So viele deiner früheren Klassenkameraden, die weder befähigter noch ehrlicher sind, sitzen auf hohen Posten, während du hoffnungslos in demselben Nest steckst ohne Chance, weiter voranzukommen.

Du fühlst dich wie damals, als du vom Automaten weggingst. Du hattest Pech von Anfang an, und so wird es bis zum Ende des Lebens bleiben.

Ist dein Traum, für den du alles andere hingeben

würdest: das Leben neu zu beginnen, denn „jetzt wüßte ich schon, wie ich leben müßte“?
Glaubst du, daß dies der Traum eines jeden Menschen ist?

DER GEIST WEHT, WO ER WILL. Verschließ nicht 11
Türen und Fenster. Warte nicht, daß die Zeit deiner Jugend zurückkehrt. Denke nicht, die jetzige Wirklichkeit werde vorbeigehen wie ein Traum, werde zurückfließen wie eine Woge. Sage nicht, daß nur früher wahrhaftige Menschen lebten, daß nur die Literatur, Poesie und Kunst jener Zeit Wert hatte. Und versuche nicht, einen solchen Standpunkt mit deinem Katholizismus zu untermauern. Denn es gibt kein katholisches Gutes, keine katholische Wahrheit, keine katholische Schönheit. Jedes Gute ist von Gott, von Christus. Gleiches gilt für Schönheit und Wahrheit. Auch wenn sie das Zeichen einer anderen Religion, einer anderen Weltanschauung tragen. Öffne weit Türen und Fenster. Sei objektiv. Fürchte dich nicht, anderen recht zu geben, etwas anzuerkennen und anzunehmen, dich über Menschen, die neben dir arbeiten, über ihre vielfältigen Erfolge zu freuen – auch wenn diese Menschen nicht an Gott glauben.

12 SCHAUT AUF DIE LILIEN DES FELDES. Beginn deine Zeitungslektüre nicht bei den Todesanzeigen und Kriegsberichten. Erschrick nicht über die Todesstatistik der Krebs- und Herzkranken. Laß dich nicht hetzen von Rundschreiben, Rechenschaftsberichten und Bilanzen. Auch nicht niederdrücken von Pflichten, Funktionen und dringenden Geschäften. Klage nicht, du könnest nicht mehr an menschliche Ehrlichkeit und Güte glauben. Sage nicht, du habest dein Leben schon hinter dir und würdest nichts mehr von ihm erwarten. Heb nur den Kopf, und du fühlst den Frühlingswind auf deinem Gesicht, siehst, wieviel Licht um dich ist.

Vertrau darauf, daß das, was auf dich wartet, weit reicher ist, als du dir vorstellst.

13 HAB VERTRAUEN. Immer schwerer wird es, aus dem Schlaf hochzufahren, um den entsetzlichen Traumgespinsten zu entgehen. Immer bedrohlicher heulen die Sirenen. Immer mehr werden wir mit Rundschreiben, Vorschriften, Mahnungen überhäuft. Immer schrecklicher türmt sich vor uns der Stoß von Pflichten, Funktionen, unerledigten Dingen. Immer häufiger stoßen wir in den Zeitungen auf Meldungen von Schlachtfeldern, von Mißerfolgen, finden wir Statistiken von Autounfällen und unheilbaren Krankheiten. Immer häufiger kehren Erinnerungen aus den Kinderjahren zurück. Immer weniger Hoffnung haben wir, daß in unserem Leben noch etwas

Außergewöhnliches geschehen, daß es uns noch gut gehen könnte, daß wir glücklich sein werden – denn so viele Jahre sind sinnlos dahingegangen, und in uns wächst der Glaube an das eigene Alter und den eigenen Tod.
Doch hier muß man Vertrauen haben, muß Gott grenzenlos in allem vertrauen.

ALLES IST EIN GESCHENK. Halt nicht Ausschau nach 14
fremdem Glück. Entferne aus deinem Denken Worte wie: „Der hat Erfolg." Mit dieser Einstellung wirst du immer unglücklich sein, ganz gleich, was du erreichen wirst. Denn es ist doch in Wahrheit anders: Alles, was du bist, alles, was du besitzt, dein ganzes Leben, jeder deiner Tage mit allem, was er bringt, ist ein Geschenk. Erkenne dieses Geschenk an, akzeptiere es, schätze es und sei dankbar.

BEI EUCH SIND ALLE HAARE EURES HAUPTES GE- 15
ZÄHLT. Es ist nicht wahr, daß du Pech hast und alles dir im Leben mißrät. Gib dich nicht der Täuschung hin, daß für dich optimale Bedingungen vorbereitet sein müssen, damit du ungehindert alle deine Möglichkeiten entfalten kannst und weder Zeit noch Energie dafür aufwenden mußt, umherzuirren, an denselben Ort zurückzukehren, dir minimale Existenzbedingungen zu sichern.

Glaube nicht, daß das Schicksal es schlecht mit dir meint, noch daran, daß du bequeme Bedingungen vorfinden müßtest, um dich zu entfalten. Gerade diese ungünstigen Voraussetzungen, sie vor allem, erlauben es dir, dein Menschtum voll zu entwickeln.

16 DIE DA WEINEN. Verweile nicht bei deinem Mißerfolg. Sei nicht gerührt von Mitleid mit dir selbst. Sonst erinnerst du dich leicht daran, wie traurig deine Kindheit war und wie fad deine Jugend. Mühelos wirst du in deinem Leben eine Kette von Leiden finden. Du wirst klagen, wie unglücklich, wie arm du bist. Jede Niederlage, die folgt, wird diesen Zustand noch vertiefen.

Dann wirst du dich nur retten können, wenn es dir gelingt, dich von dir selbst zu lösen und wenigstens einen anderen Menschen außer dir selbst zu sehen. Du wirst dich überzeugen, daß auch er leidet. Wirst sehen, daß alle leiden, nicht du allein.

17 WER AUSHARRT BIS ANS ENDE. Das Leben des Menschen besteht zum großen Teil aus Niederlagen, nur zu einem geringen Teil aus Erfolgen. Und es gäbe keine Erfolge, wenn die Niederlagen nicht wären. Deshalb ist es so wichtig, zu lernen, wie man Niederlagen annimmt, Ergebnislosigkeit, Verleumdung, negatives Urteil und mangelnde Anerkennung. Des-

halb ist es so wichtig, auszuharren, sich in der neuen Lage zurechtzufinden, gestörte Pläne zu ordnen, zu warten – und von neuem zu beginnen.

WIE DIE ANDEREN. Warte nicht, bis ein Königssohn 18
kommt und dich, wie einst Aschenbrödel, mit sich führt.
Lausche nicht, ob jemand an deine Tür klopft, um dich aus dem Verborgenen herauszuführen und der Welt als neuentdecktes Talent zu präsentieren.
Du bist weder die beste Mutter noch der beste Vater, weder die beste Ehefrau noch der beste Ehemann, weder die beste Tochter noch der beste Sohn, weder die beste Krankenschwester noch der beste Lehrer und Büroarbeiter. Nicht nur du, nein, niemand ist es, denn jeder ist nur Mensch. Wenn dich jemand auf etwas hinweist, dir Fehler ankreidet, so ist es noch kein Grund, daß die Welt vor deinen Augen ins Schwimmen gerät, weil dir jemand so etwas sagen konnte. Nicht nur dir – einem jeden kann man irgendwelche Vorwürfe machen.
Hab nicht den Wunsch, etwas Einzigartiges zu sein. Gott hat verschiedene Blumen auf der Wiese geschaffen. Es wäre schlecht, wenn eine davon alle anderen ersetzen sollte. Du sollst anders sein.

19 Euer Vater weiss ja, was ihr braucht. Wenn du sehr glücklich bist und voller Freude, wenn du große Genugtuung verspürst, das Gefühl, etwas gut zu Ende geführt zu haben, und wenn du dir nicht im geringsten vorstellen kannst, daß dich etwas bedrohen könnte – dann kommt für gewöhnlich ein Schlag. Plötzlich und von einer Seite, von der du es am wenigsten erwartet hast.
Aber auch dieser Schlag kommt von der gleichen Hand wie jenes Geschenk.

20 Es werden Tage für dich kommen. Vielleicht fragst du nicht mehr mit den aufgerissenen Augen des Kindes, dem plötzlich jemand einen Schlag versetzt hat: Warum? Wenn dir jetzt eine Freude begegnet, so weißt du schon, daß der Ausgleich kommt – ein Leid.
Vielleicht hast du noch etwas mehr beobachtet. Daß das Leben ein Gesetz der Serie kennt. Es gibt Zeiten, da ist alles wunderbar, da ist das Gras grün, der Himmel blau, die Sonne ist leuchtend, der Nebel reizvoll. Die Menschen sind gut, alles geht nach Plan, du hast keinen Zweifel am Wert des Lebens. Danach kommt der Ausgleich: schlechte Tage voller Leid. Dann ist die Welt grau, und die Menschen sind wie Wölfe. Du erwachst mit schmerzendem Kopf, erfährst von Gerüchten über dich. Dein Vorgesetzter macht dir unbegründete Vorwürfe. Du bringst nichts zustande. Wartest vergebens auf einen Brief. Du fühlst dich alt.

Nicht du allein. Nicht nur heute. Keine Zeit, kein noch so großer Reichtum, keine hohe und keine niedrige Stellung, weder Klugheit noch Torheit schützen den Menschen vor Leid.
Wichtig allein ist es, dieses Leid als Kreuz anzunehmen, das dich retten soll.

IHR WISST NICHT. Du standest vor einer Tür und 21
warst sicher, es werde zu einem Krach kommen, und doch nahm man dich mit offenen Armen auf. Du betratest ein Haus mit heiterem Gemüt, mit einem Lächeln auf den Lippen, und es wurde ausgelöscht durch Gleichgültigkeit, Geringschätzung oder Unrecht. Du erhofftest eine Belohnung, doch niemand dachte daran. Du wurdest für eine Kleinigkeit gelobt, die dir selbst entgangen war. Wie oft erfüllte sich keine der Möglichkeiten, mit der du rechnetest; geschah etwas, woran du nicht für einen Augenblick gedacht hast.
Hab nicht zuviel Vertrauen in deine Voraussicht. Die Wirklichkeit ist anders. Die Wirklichkeit ist reicher, als du dir vorstellst. Aber fürchte sie nicht. Sie ist von Gott.

LASS DIE TOTEN IHRE TOTEN BEGRABEN. Verbanne 22
aus deinen Gesprächen Fragen wie „Wann haben Sie Ihr Abitur bestanden?“, oder „Wann haben Sie Ihr

Diplom gemacht?“, um dann schnell das Alter deines Gegenüber zu errechnen und dich mit ihm zu vergleichen. Nimm von der Wand die Bilder aus vergangenen Jahren, versteck das Album mit den alten Fotografien, leg weg Diplome und Auszeichnungen, die von deinen Verdiensten und Erfolgen zeugen. Sei beruhigt, Gott wird sich an alles erinnern; für dich aber ist die Erinnerung daran nicht nur unangebracht, sondern gefährlich, denn sie hält dich in einer Welt fest, die schon vergangen ist.
Erinnere dich nicht ohne Not an Vergangenes. Hör auf mit den Erzählungen, die mit den Worten „Zu meiner Zeit“ oder „Es war im Jahre“ beginnen.
Denke nicht, daß ich deine Vergangenheit löschen will. Es steckt genug davon in dir. Ich will nur nicht, daß du ständig in ihr lebst. Du hast konkrete Aufgaben, die Gott dir stellt: den heutigen Tag und die wartende Zukunft – damit befaß dich!

23 Der kehre nicht zurück. Kehre nicht an deine früheren Wohnorte zurück noch zu Arbeitsstätten, wo du zuvor gewesen bist, noch zu Menschen, mit denen du eng zusammengelebt hast. Täusche dich nicht: Jene „guten Zeiten“ werden nie zurückkehren. Du findest deine alten Bekannten nicht wieder, noch werden sie in dir jenen Menschen von damals entdecken. Du wirst für sie wie ein Gespenst aus früheren Jahren sein. Denn anders ist ihre Welt, die damals die deine war, anders ist die Welt, in der du jetzt

lebst. Mit jedem Tag wirst du für sie fremder. Du wirst es schon bei der ersten Unterhaltung merken: Nach dem ersten „Was gibt es Neues bei dir, wie geht es dir, was ist mit unseren gemeinsamen Bekannten?“ wird der Gesprächsstoff ausbleiben. Ihr werdet peinlich berührt voneinander denken: ‚Was ist der doch alt geworden.‘
Wenn es anders sein wird, so ist das ein Beweis, daß du einen Freund getroffen hast, auch wenn du ihn vielleicht nie so genannt hast. Aber dieser Fall ist sehr selten.

DIE VÖGEL DES HIMMELS. Wenn du etwas Schönes 24
siehst, greif nicht nach dem Fotoapparat und bedaure nicht, daß du ihn nicht bei dir hast – sammle keine schönen Augenblicke. Glück läßt sich nicht in Fotoalben verschließen, es läßt sich nicht zurückrufen, wenn man dessen Seiten umblättert.
Denke nicht, daß dir Schöneres nicht mehr begegnen könnte. Geh vorwärts. Sei beruhigt: Die Wirklichkeit ist reich – du kannst sie nicht ausschöpfen, auch nicht im Laufe deines ganzen Lebens.

EUER HERZ ERSCHRECKE NICHT. Und wenn du wie- 25
der einmal davon überzeugt bist, daß die Kollegen aus deinem Fach dich nicht über Dinge unterrichten, die dich so sehr interessieren, dich nicht nach deiner

Meinung fragen über Probleme, zu denen du soviel zu sagen hast, daß sie dich ignorieren, dir aus dem Wege gehen, daß sie dich am liebsten weit weg wünschten; wenn du wieder einmal überzeugt bist, daß man dich nicht mag – dann geh nicht allein in deine leere Wohnung, bleib nicht allein mit dir selber, sondern geh zu Menschen, die an dich glauben. Tritt vor Gott, der an dich glaubt.

26 ICH SAGE DIR, STEHE AUF. Gott läßt dich nicht in der Verzweiflung zurück.

Wenn du völlig verbittert bist über die Menschen, wenn du dich fühlst, als wärst du ausgebrannt, unfähig zu irgendwelcher Initiative, wenn du überzeugt bist, daß niemand mehr auf dich rechnen kann und du zu nichts Großem mehr Kraft hast, wenn du sogar das Vertrauen zu all dem verlierst, was du bisher geschaffen hast, zu deiner ganzen bisherigen Arbeit und keine ihrer positiven Erfolge mehr wahrnimmst – dann scheint sicher ein Licht auf: Vielleicht tritt jemand an dich heran und sagt, er sei dir dankbar für das, was du für ihn getan hast; oder das, womit du dich beschäftigst, sei sehr wichtig; vielleicht bekommst du einen angenehmen Brief oder jemand lächelt dich an.

Und dieses Licht, das auf dich, wenn du so im Staub liegst, fällt, das dich wieder auf die Beine bringt, ist ein Vorschuß darauf, wie Gott deine Arbeit beurteilt.

DIE WAHRHEIT WIRD EUCH FREI MACHEN. Sag wenigstens einmal im Leben denen die Wahrheit, die es nötig haben: denen, die dich zwingen, Schwarz als Weiß und Weiß als Schwarz zu bezeichnen. Rede dich nicht damit heraus, es sei unwichtig, ob du so oder so sprichst, ob du lächelst, ob du mit dem Kopf nickst; sag nicht: Mögen sie doch reden, Hauptsache, ich selber weiß, was wahr ist. Wenn sie dich zwingen wollen, ihnen zuzustimmen, so deshalb, weil sie dich erniedrigen wollen. Denn wie lange kann man sich selber verachten. Und so wirst du mit der Zeit glauben, daß Weiß Schwarz und Schwarz Weiß ist. 27

WARUM HAST DU GEZWEIFELT. Du bist verloren, wenn du kein Vertrauen mehr hast. Selbst wenn dir alles glückte. Selbst wenn die Menschen dich um deine Erfolge beneideten. 28
Und so lange stehst du fest, wie du Vertrauen hast. Selbst wenn dir alles immerzu unter der Hand zerfällt, selbst wenn die Menschen dich immerfort zu vernichten trachten, selbst wenn du gegen das eigene Ich, gegen die schlimmsten Voraussagen, gegen die offensichtliche Niederlage, gegen das eigene Entsetzen mit dem Rest deines Willens – vertrauen willst.

29 DER TAG HAT GENUG MÜHEN. Du siehst einen alten, gebrechlichen Menschen. Genauso wirst du einmal sein. Es ist dein gutes Recht, gegen Alter und Krankheit zu kämpfen, aber es ist deine Menschenpflicht, beides anzunehmen, wenn es soweit ist – anzunehmen als ein Leiden, das zur Erlösung führt. Aber das wird später einmal kommen. Denke jetzt nicht daran. Quäle dich nicht unnötig. Vertraue auf Gott: Er wird dir die Kraft geben, die Leiden zu ertragen, und den Mut, den Tod zu akzeptieren.

30 AUF DEIN WORT WILL ICH DIE NETZE AUSWERFEN. Jesus lehrt am Ufer. Nicht weit davon waschen Fischer ihre Netze. Die Menge der Zuhörer wächst. Der Meister steigt in eines der Boote und lehrt von dort. Als er zu Ende gesprochen hat, befiehlt er den Fischern, entgegen ihren Absichten zum Fang auszufahren. In kurzer Zeit fangen sie viele Fische. Nach der Rückkehr ans Ufer lassen sie alles zurück und folgen ihm.

Für die Massen ein völlig unverständlicher Schluß. Ein Drama unter der Regie des Gottessohnes.

Es war kein Zufall, daß er an dieses Ufer gekommen war, um zu lehren. Es war kein Zufall, daß er dort diese Menschen fand. Es war kein Zufall, daß er in dieses und kein anderes Boot stieg. Er wirkte ein Wunder: den reichen Fischfang. Die Außenstehenden stellten etwas ganz Normales fest: Fischer waren

zum Fang ausgefahren und hatten Fische mit zurückgebracht. Verstanden hatten es nur Petrus und seine Gefährten.
Wirst du imstande sein, dein Leben zu verstehen?

Oktober

Einer trage des anderen Last

SELIG SIND JENE KNECHTE. Versuche, etwas im Leben zu schaffen. Konzentriere all deine Kräfte auf diese Sache, ordne ihr den Rhythmus deiner privaten Beschäftigungen und deiner Erholung unter. Vielleicht gelingt es dir, damit nicht zu scheitern, auch wenn du siehst, wie deine Freunde Geld scheffeln. Es ist kein Risiko dabei, höchstens beim Tode Gewissensbisse, daß du dich nicht völlig engagiert hast. *I*

Versuche, etwas im Leben zu schaffen, unabhängig davon wie alt du bist. Es ist kein Risiko dabei, höchstens beim Tode Gewissensbisse, daß du zu spät begonnen hast.

Und wenn du das jetzt liest und dich freust, daß du einer von denen bist, denen es gegeben war, eine Perle zu finden, einen Schatz zu finden – dann wünsche ich dir, daß du dabei ausharrst bis zum Tode.

2 Wenn dann die Ernte da ist. Wenn du mit größter Mühe eine Antwort auf eine dir gestellte Frage suchst; wenn du mit größter Anstrengung ein Wort zu finden trachtest, das zum Ausdruck brächte, worum es dir geht; wenn du gegen den Widerspruch der Meinung aller deine Gedanken und Erfahrungen beweisen willst; wenn du fieberhaft nach einem Ausweg aus der Sackgasse suchst, in die deine Gegner dich getrieben haben, einen Ausweg aus der hoffnungslosen Lage, in die du zufällig geraten bist; wenn du dabei bist, eine übernommene Arbeit termingerecht fertigzustellen und dann doch an einer Kleinigkeit scheiterst und die ganze Konstruktion dir in den Händen zerbricht; wenn du, schwach vor Ermüdung, in größter Eile auftauchende Fehler ausbesserst – so sind das deine großen Tage. Danach kommt eine Zeit höflichen Lächelns, dosierter Antworten, eine Zeit, da man heiklen Themen aus dem Wege geht; du wirst von den Zinsen des zuvor erworbenen Kapitals leben, wirst Wege gehen, die du zuvor gebahnt hast.

Wisse nur: Dies ist eine Zeit der Erholung. Nach einer Weile wirst du wieder vor einer Wand stehen, durch die du hindurch mußt, am Fuße eines Gipfels, der bezwungen werden will. Möge dich nie der Mut verlassen.

3 Wenn ihr nicht werdet wie die Kinder. Du bist schon erstarrt in der Gewißheit, daß nichts mehr in deinem Leben geschieht. Vielleicht jedoch trifft dich

die Gnade, und in der Arbeit, die du mit der Willenlosigkeit eines Zwangsarbeiters verrichtest, fällt dir etwas in die Hände, was dich völlig in Anspruch nimmt; vielleicht begegnest du unter den Menschen, die du abwechselnd als Herde von Schafen oder Hyänen bezeichnest, einem, der dich begeistert; vielleicht treibt dich das Unrecht um, das einem wehrlosen Menschen widerfährt. Vielleicht geschieht es, daß die Gnade dich berührt und daß du – den nichts mehr erstaunen, rühren, dem nichts mehr imponieren, den nichts mehr erschüttern konnte, der du zynisch-nachsichtig auf die Welt schaust – wenigstens für einen Augenblick die Empfindungskraft eines Kindes zurückgewinnst.

EINEM GAB ER FÜNF TALENTE, EINEM ANDEREN ZWEI, EINEM DRITTEN EINS. Wo sind diese netten Mädchen geblieben? Wo diese prächtigen Jungen? Du hast sie noch vor Augen: kompromißlos, so einfach und so unmittelbar. Du hast noch ihre scharfen Kritiken im Ohr, ihre weitreichenden Pläne, ihre kühnen Absichten. Wie viele von ihnen sind so geblieben? Und wo ist der riesige Rest? Die Flügel haben Federn gelassen, die Zähne wurden brüchig, die Menschen sind untergetaucht, versunken in die graue Masse. 4
Und wie bist du?
Solange du die Chance hast, dein Menschtum zu verwirklichen, so lange wirst du dir diese Frage stellen.

5 Mit unreinen Händen essen macht den Menschen nicht unrein. Sorge dich nicht allzu sehr darum, ein Mensch mit guten Manieren zu sein. Wenn du in dieser Hinsicht Fehler machst, so nimm sie dir nicht zu sehr zu Herzen. Denn du könntest zu der Überzeugung kommen, daß dies das Wesentliche in deinem Leben sei. Dabei geht es doch um deine innere Ehrlichkeit, um die Reinheit deiner Absichten, um deine Selbstlosigkeit.

Sorge dich nicht allzu sehr darum, ein Mensch mit guten Manieren zu sein. Es kann geschehen, daß du in dieser Hinsicht erfolgreich bist, und deine Umgebung wie auch du selber werden meinen, du seist ein Mensch ohne Tadel – dabei bemerkst du nicht einmal, wie sehr dein Inneres einem Schlangennest gleicht.

6 Sie hat den guten Teil erwählt. Nimm dir nicht alles und jedes zu Herzen, engagiere dich nicht für jede Dummheit. Reib dich nicht auf um alles Mögliche. Ärgere dich nicht aus jedem Anlaß. Denn du wirst ganz einfach fehlen. Dort fehlen, wo du sein müßtest. Fehlen, wo es um deine wesentlichen Dinge geht.

Du bist nicht unendlich, nicht unbegrenzt. Wenn du dich *hier* engagierst, kannst du nicht *dort* sein. Es geht nicht nur um deine Zeit, sondern um deine Energie, um deine Gegenwart. Deshalb mach dir bewußt, was du tun willst, und konzentriere dich darauf. Sonst verläßt du diese Welt mit dem Ruf eines Menschen, der überall war, nur nicht dort, wo man ihn brauchte, der sich um alles Mögliche kümmerte, nur nicht um das, was von ihm verlangt war, der von tausend Dingen träumte, aber das eine Notwendige nicht tat. Und wenn dir das jemand am Ende deines Lebens sagt, vielleicht erschrickst du erst dann, denn du wolltest doch ein ganz anderer sein.

DER MENSCHENSOHN WIRD LEIDEN MÜSSEN. Bleib. 7
Lauf nicht davon. Prüfe dich hier, wo du gezwungen bist zu maximaler Konzentration, zu präzisem Denken, dazu, deine Anschauungen exakt zu formulieren, deine Erfindungen zu beweisen, Position zu beziehen.

Bleibe hier, wo du umgeben bist von Gegnern, die jeden deiner Schritte kontrollieren, dir unbarmherzig das geringste Versehen ankreiden, dir keinerlei Unvollkommenheit nachsehen, dir immer wieder Knüppel zwischen die Beine werfen, deine Worte zu übertönen versuchen, dich in den Schatten drängen, dir die Kontakte erschweren, dich auf keinen Posten lassen, dich am liebsten beseitigen würden oder zumindest deine Spur verwischten und deshalb deine Fehler lauthals verbreiten, deine Schnitzer aufbauschen, dir Worte zuschreiben, die du nie gesagt hast, dir Schlechtigkeiten nachsagen, die du nie begangen hast.

Halte aus. Nur noch dieser Wald. Nur noch diese Untiefe. Nur noch dieser Hügel.

8 DASS EURE FREUDE VOLLKOMMEN WERDE. Entspanne dich. Sei du selber. Begreife den Rhythmus deiner Persönlichkeit. Damit du Freude am Leben hast. Denn es ist das größte Geschenk, das du von Gott bekommen hast – das Leben. Denn du bist das größte Geschenk – deine unwiederholbare Persönlichkeit. Und bleib so, wie Gott dich geschaffen hat. Zähme die Institutionen, die Menschen, die Sachen, die dich bedrängen. Laß dich von ihnen nicht zurechtstutzen. Laß dich von ihnen nicht nötigen. Sei du selber. Nur dann kannst du Gott Antwort geben auf dieses größte Geschenk – durch dein Glück.

9 DIE PHARISÄER. Gib auf dich besonders dann acht, wenn du etwas von den Menschen erreichen willst: einen Posten, einen noch besseren Posten, eine Wohnung, eine bessere Wohnung, ein Darlehen, ein Stipendium, Unterstützung und Fürsprache; wenn du willst, daß man etwas für dich oder die Deinen in Ordnung bringt. Zahl dafür nicht jeden Preis, nicht den Preis deiner persönlichen Würde: indem du krampfhaft Bekanntschaften knüpfst und unwahrhaftige Freundschaften pflegst, Geschenke machst, Briefe schreibst, Herzlichkeit vorspiegelst, Einladungen aussprichst, ewig „ja“ sagst und Lob und Begeisterung heuchelst.
Du meinst: Wenn du erst erreicht hast, worum es dir geht, dann wirst du … Du irrst! Dann wirst du keinen Weg mehr zurückfinden.
Du wirst für immer ein Bettler bleiben.

MÜSSIG AUF DEM MARKTE. *Dir* hat der Herr die Talente gegeben. Jetzt ist *deine* Zeit. Hast du deine Ärmel hochgekrempelt? Hast du alles aus dir gegeben, was wertvoll war? Hast du schon dein letztes Wort gesagt? Denkst du, daß du es dir schon erlauben kannst, deine Erfolge zu feiern? 10
Jetzt ist *deine* Zeit. *Dir* hat der Herr seine Talente gegeben und ist fortgegangen. Aber er wird wiederkehren.
Weißt du wenigstens, was du im Leben zu tun hast?

SIE VERLIESSEN ALLES. Sich zeigen, sich Geltung verschaffen durch seine Gegenwart, Interesse vorgeben, Begeisterung, aber nur soweit, daß es zu nichts verpflichtet, Versprechungen machen, seine Beteiligung ankündigen, aber immer so, daß man sich leicht daraus zurückziehen kann. 11
Glänzen durch ein paar hingestreute Worte, Interesse wecken, intrigieren, Unruhe schaffen, bezaubern, Sympathie erwerben, Liebe: Sollen die anderen doch anhänglich sein, treu, sollen sie sich doch sorgen, Sehnsucht haben, sollen sie lieben, möge ihr Kreis immer mehr wachsen. Im Austausch dafür die Fingerspitzen reichen und selbst die so schnell wie möglich zurückziehen. Nichts und niemandem aus sich etwas geben. Nichts von sich selber verlieren.
Sich selber ganz für sich bewahren?

12 Ihr könnt nicht Gott und dem Mammon dienen. Solange es nicht um Geld geht, weißt du noch nicht alles über einen Menschen. Erst wenn Geld auf dem Tisch ist, wenn man es verlieren oder gewinnen kann, erst dann fallen von den Köpfen die Kronen, die Lorbeerkränze, die Mitren – oder sie bleiben. Erst wenn Geld im Spiel ist, wirst du dich überzeugen, wer wer ist. Denn das Geld birgt so viel Zauber und Verlockung, daß es dir alles auf Erden verheißt. Erst angesichts dieser Verheißung erweist sich bei jedem – ob er ein Christ ist, ob er gläubig, ob er ein Mensch ist.

13 Der Reiche starb. Rechne nicht immerzu und bei allem: Wieviel wird man mir geben, zahlt es sich für mich aus, was habe ich davon? So kann man nicht leben. Denn du wirst nicht imstande sein, etwas oder jemanden zu lieben, dich wirklich über etwas zu freuen, wirklich etwas zu bedauern, wirklich über irgend etwas bedrückt zu sein – du wirst nicht glücklich sein können.
Und wenn du stirbst, wirst du wahrscheinlich viel Geld haben, und vielleicht entdeckst du erst dann, wie sinnlos so ein Leben war.

SUCHT ZUERST DAS REICH GOTTES. Unsere Ordnung bringt es mit sich, daß du für deine Arbeit, für deine Anstrengung, für dein Engagement, für deine Aufopferung – Geld erhältst. Unsere menschliche Ordnung bringt es mit sich, daß du für dein morgendliches Aufstehen, für den Weg zur Arbeit, für die Suche nach der Wahrheit, für deine Ordentlichkeit, für dein Verlangen nach Gerechtigkeit, für den Dienst am Menschen – Geld bekommst. 14
Aber du arbeitest nicht für Geld. Du baust eine Welt, dienst den Menschen. Spring nicht über dieses Joch. Verkauf nicht dein Leben. Verkauf nicht dein Menschtum. Verkauf nicht dich selbst.

SUCHEN WIR EINEN SCHATZ. Wozu arbeitest du? Weiche dieser Frage nicht aus, versuche nicht, dich an ihr vorbeizudrücken. Die Arbeit füllt dein Leben aus: Du widmest ihr den Löwenanteil deiner Zeit, gibst für sie die besten Stunden deines Tages. 15
Wozu arbeitest du? Frage nach dem Ziel deiner Arbeit! Du bist so wie deine Antwort auf diese Frage.

DER DAS EINE TALENT ERHALTEN HATTE. Die Arbeit ist eine der am meisten kompromittierten Wahrheiten. Mißbraucht, verlacht, verspottet. 16
Denn: „Wir sind doch nicht so blöd", „Wer wird denn heutzutage noch arbeiten". Zuerst ein Posten –

dann werde ich arbeiten. Zuerst eine Stellung, ein Schreibtisch, ein Dienstsiegel, eine Wohnung, ein Auto, zuerst Geld – und dann werde ich arbeiten. Und wenn du – nach unerhört komplizierten Bemühungen, Versuchen, nach unausgeschlafenen Nächten, nach qualvollen Überlegungen, Verhandlungen, nach gigantischer Anstrengung – endlich hinter diesem größeren Schreibtisch sitzt, ein größeres Siegel hast, mehr Geld, dann wird es sich erweisen, daß du verbraucht bist, ausgebrannt, alt – daß du zu nichts mehr imstande bist. Und du wirst dich totunglücklich fühlen. Oder nicht einmal das. Bis zum Ende wirst du Titel, Siegel, Posten und Geld sammeln.

17 UND SIE FOLGTEN IHM. Wie ist dein Alltag? Hast du dir dein Leben wirklich so erträumt? Ist es so, wie du es am liebsten haben wolltest? Wie schaust du auf die Arbeit? Was findest du in ihr? Nur den Kampf ums Dasein, um Positionen, um Geld, nur Gefechte mit Rivalen, die dir gefährlich sind? Findest du in ihr auch ein wenig Liebe? Nein, ich frage nicht nach kleinen Höflichkeiten, nach Augenblicken der Ehrlichkeit, nach großmütigen Gesten der Geduld, die du für andere aufbringst, sondern danach, ob du deine Arbeit in ihrem ganzen Sinn siehst. Hat sie ihren Ursprung in Liebe oder nur in Ehrgeiz und Kampf?

SIE VERLIESSEN IHN. Solange du getragen bist von menschlicher Sympathie, solange die Menschen aus deiner Umgebung Freude an dir haben oder sich über dich ärgern, von dir etwas erwarten oder um deinetwillen beunruhigt sind, so lange steht nicht fest, wer du wirklich bist. Erst wenn sie aufhören, sich mit dir zu befassen, nichts mehr von dir erwarten und dich am liebsten loswürden; wenn sie deine Initiativen nicht wahrnehmen, kein Interesse zeigen für deine Arbeit, deine Erfolge ihnen gleichgültig sind, ja wenn du sogar das Gegenteil feststellen mußt: daß deine Erfolge ihren Unwillen gegen dich mehren –, erst dann stehst du an der Schwelle deines Menschseins. Erst dann kannst du dich überzeugen, wer du wirklich bist – inwieweit du an dich glaubst, an deine Arbeit, an die Menschen, an Gott. 18

URTEILT NICHT NACH DEM SCHEIN! Als was möchtest du dich verkleiden? Als Mädchen oder als Junge, als Athlet oder Clown, als mexikanische Tänzerin oder Sheriff, als Gitarrist und Sänger, als Filmstar – um einen Tag so leben zu können, wie du alle Tage leben möchtest. Doch vielleicht ist dir so ein Augenblick gegeben, damit du siehst, welch großer Reichtum in dir steckt, den deine Schüchternheit, deine Trägheit ungenutzt ließ. 19

Als was möchtest du dich verkleiden? Als Pirat oder Straßenmädchen, als Don Juan oder Gangster, als Messerheld oder Vampir – um eine Nacht lang so aufzutreten, wie du es dein ganzes Leben möchtest. Doch vielleicht ist dir ein solcher Augenblick gegeben, damit du siehst, wieviel Böses, wieviel Brutalität, Rauhbeinigkeit, Häßlichkeit in dir schlummern, die bisher noch nicht richtig zum Vorschein kamen wegen deiner Schüchternheit, deiner Trägheit oder Mangel an Gelegenheit.

20 WER ABER DURCHHÄLT BIS ANS ENDE, DER WIRD GERETTET. Es fällt leicht, zu arbeiten, es fällt leicht, gut zu sein, wenn jemand das wahrnimmt, es akzeptiert und sich freut. Wenn unser Tun die Billigung der Umgebung findet, wenn wir gelobt und geehrt werden. Wenn diese unsere Tätigkeit von allen als Erfolg betrachtet wird.

Es fällt schwer, zu arbeiten, wenn uns niemand sieht, wenn niemand unsere Mühe, unsere Aufopferung und Anstrengung zu schätzen weiß, die wir Tag für Tag leisten. Wenn wir wie in einem Vakuum, in Vergessenheit dahinleben.

Aber noch schwerer fällt es, zu arbeiten, wenn sich die Menschen von uns abwenden, obwohl wir alles geben, was in unseren Kräften steht. Wenn wir auf mangelndes Vertrauen, auf Mißbilligung und Tadel stoßen; nicht mehr nur auf Gleichgültigkeit, sondern auf Feindseligkeit. Dann zu arbeiten, dann sich aufzuopfern, dann gut zu sein und durchzuhalten – das erst heißt Mensch sein.

WO EUER SCHATZ IST. Und wenn du jetzt plötzlich alles verlieren würdest, was du hast: alles, was du bisher mit solcher Mühe verdient, gesammelt, gespart, erobert, an dich gerissen, sicher angelegt und beiseite getan hast. 21
Und wenn du plötzlich das alles verlieren würdest. Wäre die einzige Rettung, der einzige Trost für dich die Gewißheit – oder zumindest die stille Hoffnung –, daß du noch imstande sein wirst, diese Verluste wettzumachen; daß du noch kräftig, wendig, pfiffig, vorsorglich genug und jetzt auch aus Erfahrung klug bist, um all das wiederzuerlangen, was du verloren hast, ja vielleicht noch mehr zu gewinnen, als du besessen hast.
Was ist der Sinn deines Lebens?

ER ABER SCHLIEF. Jesus wußte, daß er nur drei Jahre 22
Zeit hatte, den Menschen seine Wahrheit zu vermitteln. Er begann mit dreißig Jahren. Nach einem vierzigtägigen Fasten in der Wüste. Und auch später zog er sich oft, mit den Jüngern oder allein, vom Werk der Verkündigung zurück. Außerdem beschränkte er seine Tätigkeit nur auf Palästina.
Neben dem Krebs und den Herzerkrankungen werden die psychischen Krankheiten zu einer großen Gefahr für die Gesellschaft. Ein Grund für diese Bedrohung ist die Unfähigkeit, Rast zu machen. Wir sind erschöpft von der eintönigen Berufsarbeit, vom Labyrinth des städtischen Lebens: der Geschäfte, der

Restaurants, der vielen Passanten, des Stoßverkehrs, des Lärms in den Straßen und im Hause.
Eben deshalb mußt du in den Rhythmus deiner Arbeit einen Rhythmus der Rast einfügen; eine längere Erholung einmal im Jahr, eine kürzere in jeder Woche, eine Pause an jedem Tag. Du hast keine Zeit? Fahre trotzdem in die Ferien. Geh trotzdem spazieren, ins Konzert, zu Freunden; verbring den Abend mit einem Buch oder einer Zeitschrift.
Du kommst ohnehin nicht dazu, alles zu tun. Ruh dich aus, du bist nicht unersetzlich. Ruh dich aus! Wenn du das nicht willst und stur bei deinem Verhalten bleibst, dann steht es schon sehr schlecht um dich.

23 DIE SÖHNE DIESER WELT. Wenn du fast zu erstikken drohst; wenn sie dich immer enger mit ihren Bitten, mit ihrem Drängen und Fordern einkreisen; wenn sie dich zwingen, endlos ihre Sorgen anzuhören; wenn sie dich mit ihren kleinen Kümmernissen terrorisieren und auf diese Weise zwingen, für sie auch die einfachsten Dinge zu erledigen, wobei sich zeigt, daß deine Hilfe gar nicht notwendig war und daß sie das mit geringem Aufwand selbst hätten tun können; wenn sie dir unbekümmert ganze Stunden wegnehmen, während du um jede vergeudete Minute zitterst, andererseits aber die kleinste Bitte von dir mit Erstaunen aufnehmen, sie entweder vergessen oder einfach abschlagen; wenn du siehst, daß sie sich

keine Gedanken über deine Pflichten oder Möglichkeiten machen und nur ihre Bequemlichkeit suchen; wenn du keine Zeit mehr hast für deine persönlichen Dinge, deine Pflichten vernachlässigst und von früh bis spät hin und her hetzt – dann zieh dich schnell zurück von ihnen. Denn – du und sie – ihr habt den Sinn für das Maß verloren, und dein Verhalten hat nichts mehr mit Liebe zu tun.

RUHT EIN WENIG AUS. Wenn du das Gefühl hast, daß dir die Hände abfallen, wenn du endgültig überzeugt bist, daß deine Arbeit nicht nur langweilig, sondern völlig sinnlos ist; wenn du deutlich siehst, wie dich die Leute ausnützen; wenn du zutiefst enttäuscht bist, nicht nur von deinen Kollegen, sondern auch von deinen Freunden; wenn du die Überzeugung gewinnst, du könntest dich nur auf dich selber verlassen ... Wenn du zu dir sagst, endlich sähest du die Welt in ihrer ganzen Wahrheit – so ist das ein Zeichen, daß du ausruhen mußt. Du mußt es um so länger, um so gründlicher tun, je mehr du glaubst, daß du endlich die Wahrheit gesehen hast. 24
Und wenn du um keinen Preis deinen Platz verlassen kannst, dann hol wenigstens Atem. Geh ins Theater, ins Kino, nimm ein Buch in die Hand, geh spazieren oder tritt für einen Augenblick in eine Kirche.

25 Klug wie Schlangen. Lerne, nein zu sagen. Lerne, etwas zu verschweigen.
Verlier nicht die Kontrolle über die Zeit, die du anderen gibst.
Denn sonst werden dir die Menschen dein Leben aus den Händen reißen, sie werden deinen Rhythmus zerstören, dich von der Verwirklichung deiner Pläne abhalten und mit ihren Angelegenheiten absorbieren. Und wenn du ihnen nicht mehr nützlich sein kannst, werden sie dich wegwerfen. Dann kann es schon dafür zu spät sein, dein Leben neu zu fügen.
Lerne, dich auch einmal zu versagen. Das ist, entgegen allem Anschein, oft schwieriger, als ja zu sagen. Lerne, nein zu sagen – es sei denn, du hättest dies schon allzugut gelernt.

26 Lazarus, komm heraus. Bist du imstande, Freude zu haben am Leben: am Aufstehen, am Essen, am Weg zur Arbeit, an der Arbeit selbst, am Heimweg, an der Rast, am Schlaf, an dem körnigen Putz einer Mauer, an dem Glanz des Schnees, am Blau des Himmels; am Kampf, selbst wenn er mit einer Niederlage endet? Verstehst du noch, dich deines Lebens zu freuen? Und sei es nur manchmal? Oder ist dir nur die Ermüdung geblieben, die Erschöpfung bis zum Überdruß – die Pflicht des Sklaven, der abends aufs Bett fällt, so wie er einst ins Grab fallen wird?
Dabei ist dies doch das größte Geschenk, das Gott dir geben konnte – das Leben.

SORGT NICHT ÄNGSTLICH. Du wirst ein Jahr oder vielleicht zehn Jahre zu früh sterben. An Herzschlag. Denn bis an die Grenze des Erträglichen regt dich das Schimpfwort auf, das ein Unbekannter dir auf der Straße nachruft, empört es dich, daß man laut die Türen schlägt, wurmt dich ein Gerücht, das man über dich verbreitet. 27

Du wirst zu früh sterben. Denn du ärgerst dich zu Tode, weil jemand sich vor dir in die Reihe drängt, weil jemand von dir geborgtes Geld nicht zurückgibt, weil jemand dich auf der Straße anrempelt, ohne sich zu entschuldigen, weil du zu Unrecht eine Strafe zahlst.

Du wirst zu früh sterben und nicht vollenden, was du hättest tun können – es wird dir an den Kräften fehlen, die du für wesentliche Dinge brauchst. Denn du hast nicht gelernt, Dinge als unwichtig abzutun, die tatsächlich unwichtig sind.

UND ER HIELT ABRECHNUNG MIT IHNEN. Zu oft 28
werden wir krank, zu früh altern wir, zu kurz leben wir. Wir verstehen es nicht, zu arbeiten, uns zu erholen – wir verstehen nicht zu leben. Oberflächlich, hastig sind wir beim Essen und Trinken. Schlecht verwenden wir unsere Energie, schlecht haushalten wir mit unserer Zeit, schlecht teilen wir unseren Tag ein. Wir vergeuden unsere Kräfte. Uns scheint, als sei deren Quelle unversiegbar. Wir verschwenden sie für Nichtigkeiten, wir erschöpfen sie, indem wir uns

maßlos über etwas ärgern, uns sinnlos zur Eile antreiben, uns aufregen und unnötig grämen.
Bis es uns wie ein Schlag trifft. Dann fällt es uns schwer, zu glauben, daß es schon zu spät ist, daß wir keine Reserven mehr haben – daß die Veränderungen nicht mehr rückgängig zu machen, die Prozesse zu weit fortgeschritten sind: daß das Leben eigentlich schon vorbei ist.
Zu oft sind wir krank, zu früh altern wir, zu früh sterben wir.

29 DU MACHST DIR VIELE SORGEN UND MÜHEN. Immer mehr bist du gejagt, abgehetzt, immer mehr beschäftigt. Immer mehr verlierst du dich selber. Immer mehr hörst du auf, du selbst zu sein. Du bist nur noch ein Wesen, das von äußeren Impulsen gestoßen wird, dem nur der Instinkt der Selbstverteidigung bleibt: der chaotische Gebrauch der Ellenbogen, der dir erlaubt, dich an der Oberfläche zu halten.
Manchmal schlägt dir die Gnade wie ein feuchter Zweig ins Gesicht. Dann bist du über dich selber entsetzt: ‚Was ist mit mir geschehen, was hat das Leben aus mir gemacht?' Manchmal schlägt die Gnade dich wie ein feuchter Zweig – und du kommst zur Besinnung, um dich zu retten. Manchmal aber hilft nicht einmal sie mehr.

SELIG DIE BARMHERZIGEN. Man muß dem anderen 30
Menschen helfen, wenn er seinen Weg verliert, sich verstrickt im Labyrinth eines fremden Lebens, wenn er nicht imstande ist, seine Dinge zu ordnen. Man muß ihm helfen, damit er seine Krisis übersteht und Atem schöpfen kann.
Aber gib acht: Denn sogleich beginnst du, ihn daran zu gewöhnen, daß er ständig auf deine Hilfe baut. Du beginnst, seine Ratlosigkeit zu rechtfertigen. Ihn zu gewöhnen, daß er Ausschau hält nach fremder Barmherzigkeit. Und dieser dein nächster Schritt ist nicht Liebe, sondern demoralisiert ihn: Du lehrst ihn Trägheit, Passivität, ein leichtes Leben, Durchtriebenheit.

DER NEHME SEIN KREUZ AUF SICH. Irgendwo im 31
Dunkel des Ungewissen glimmt noch immer in dir die Hoffnung, daß deine Kunst, zu leben und dich zu schonen, schwere Krankheiten und ein gebrechliches Alter von dir fernhalten wird.
Irgendwo im Dunkel des Ungewissen glimmt in dir noch immer die Hoffnung, daß deine Lebensklugheit dich vor Unrecht bewahrt, das Menschen dir zufügen können.
Und obwohl du durch eine wasserlose Wüste gehst, obwohl dir nichts erspart und nichts geschenkt wird – irgendwo im Dunkel des Ungewissen glimmt in dir eine Hoffnung.

November

Ihr werdet Ruhe finden

SAMMELT EUCH NICHT SCHÄTZE AUF ERDEN. Denn wenn es etwas gibt, um das wir andere – bis zum Haß – wirklich beneiden, so ist es das Leben. Und wenn wir wirklich etwas fürchten, so ist es der Tod. Und in dieser Angst packst du in deine Taschen, bis sie überquellen, stopfst dir den Bauch voll, sammelst in Regalen, Schubladen und Schränken, verschanzt dich bei dir selbst; immer schwerer fällt es dir, etwas wegzugeben, du sparst an allem und sammelst solche Menschen um dich, die dir in schlechten Zeiten einmal nützen können. *1*
Wehrst du dich auf solche Weise gegen den Tod?

AUF ERDEN. Wir sparen, sammeln und stopfen unsere Vorratsverstecke voll. Wir wählen, was am dauerhaftesten, was am preisgünstigsten ist. Wir suchen das heraus, was sich am besten auszahlt. Wir kalku- 2 lieren, woran wir am meisten verdienen, was man am teuersten losschlagen kann. Wir sind besorgt darum, nichts einzubüßen und möglichst viel zu gewinnen; nie zu verlieren, sondern immer auf seiten der Gewinner zu sein. Krampfhaft verteidigen wir das, was wir angehäuft, halten das fest, was wir errungen haben. Wie viele schlaflos verbrachte Nächte gehen auf das Konto solcher Rechnungen. Wieviel verbrauchte Zeit aufs Konto solcher Überlegungen. Wieviel verlorenes Leben!

3 Solange ihr das Licht habt. Schiebe es nicht auf. Spute dich. Tu, was du zu tun hast. Sage, was du zu sagen hast. Denn schon schiebt sich der Schatten vorwärts und hat auch dich bald ergriffen. Und in dir bleibt der Geschmack eines unerfüllten Lebens zurück. Oder nicht einmal das. Die Zufriedenheit des Greises über eine Schüssel Linsen, die du dir bis zuletzt nicht aus den Händen reißen ließest.

4 Er ging davon, denn er hatte viele Güter. Es gibt keinen Ärger, kein Unrecht, kein Unglück, keine Niederlage, die für dich die totale Katastrophe bedeuten könnte. Das wäre nur möglich, wenn du ewig auf Erden lebtest. Doch wie viele Jahre hast du vor dir? Zehn, zwanzig, fünfzig? Sicher nicht mehr. Und auch das nur, wenn es gut geht.

Es gibt keinen Erfolg, kein Vermögen, kein Geld, das dir dauerndes Glück gewährleisten könnte. Das wäre nur denkbar, wenn du ewig auf Erden lebtest. Doch wie viele Jahre wirst du noch leben? Vielleicht fünfzig Jahre, vielleicht zehn, und auch das nur, wenn alles normal verläuft.

Bis zum Ende, bis zum letzten Atemzug trägst du in dir die Hoffnung, daß mit dir eine Ausnahme gemacht wird. Und so wird dich der Tod mitten im Schritt treffen. Du wirst ihm mit größtem Erstaunen begegnen.

UND DER MOND WIRD SEINEN SCHEIN NICHT MEHR 5
GEBEN. Wir nähern uns den Gipfeln unserer Zivilisation und sind schon imstande, uns ihr Ende vorzustellen. Und selbst wenn wir nicht an den Folgen einer Atomkatastrophe sterben, so sterben wir aus Mangel an Kohle, Erdöl, Eisen, vergiftet durch Lebensmittel, erstickt von Luftverunreinigungen oder Abgasen, wir werden erfrieren oder vor Hitze verdampfen.

Und obwohl wir weiterhin Fabriken, Autobahnen und Bergwerke bauen müssen, so sehen wir doch klar wie nie zuvor: Das alles hat keinen Wert in sich, ist nicht unser letztes Ziel.

6 So soll euer Licht leuchten vor den Menschen. Im Laufe der Jahre wirst du ähnlich einer Fahne, die immer mehr von Böen zerfetzt ist; einem Baum am Scheideweg, verbogen vom Wind, geplatzt vom Frost, verdorrt in der Hitze; einer Mauer, die von Schüssen genarbt ist. Bis der nächste Stoß kommt, der nächste Ruck, das Unwetter, das dich zu Boden wirft.

Wenn du nur bis zum Ende mit erhobener Stirn gehst. Wenn du nur wie eine Fackel bist, die den Menschen den Weg weist.

7 Wer an mich glaubt, wird leben. Es kommt ein Augenblick, wo du deinen Schatten siehst. Von da an wird er dich ständig begleiten. Du wirst zum Wissenden. Und wenn eine Krankheit auftaucht, wirst du fragen: „Ist es schon soweit?" Und wenn sich Beschwerden zeigen, stellst du die Frage: „Ist es soweit?" Aber selbst dann, wenn deine Antwort lautet: „Noch nicht", bedeutet dein Lächeln doch keinen vollen Sieg. Du weißt, du wirst dem Tod erliegen.

Wir sind Wissende. Immer näher kommen wir denen, die noch vor kurzem bei uns waren. Immer größer ist die Verbundenheit, die wir mit ihnen spüren.

DORT VERSCHWENDETE ER SEIN VERMÖGEN. Ir- 8
gendwie ist das Leben so dahingeeilt. Bevor du es
dich versahst, warst du kein Kind mehr. Und bevor
du es dich versahst, hattest du aufgehört, ein junger
Mann oder junges Mädchen zu sein – und warst rei-
fer Mensch. Und bevor du es dich versahst, hattest
du aufgehört, reifer Mensch zu sein. So ist dir das Le-
ben dahingeeilt. Immer deutlicher schwingt in dei-
nem Innern die Frage: „Sollte das schon alles gewe-
sen sein?“ Dir selbst aber versprichst du immer
wieder: Wenn ich erst die wichtigsten Dinge erledigt
habe, werde ich anfangen, mich am Leben zu
freuen – ich werde ins Theater gehen, in ein Konzert,
werde Ferien machen und meine Dinge mit Gott in
Ordnung bringen.
Dabei sollte es ganz anders sein. Du solltest an dei-
nem täglichen Leben Freude haben. Sollst mit Gott
verbunden sein durch jede deiner Taten.

WIE VORÜBERGEHENDE. Du stellst dir vor, es werde
so sein wie schon so viele Male, wenn du zu einer 9
weiten Reise aufgebrochen bist. Du ordnest hastig
deine letzten Dinge, die seit langem unerledigt da lie-
gen: Du läßt letzte Anordnungen zurück. Erneut
werden deine Freunde und Kollegen getestet: In den
letzten Stunden erweisen sie sich als berechnend, be-
leidigt oder verständnisvoll, nachsichtig und absolut
treu. Du wirst jedem von ihnen noch sagen: Verzeih
jene Kränkung, verzeih diese Hast; grüß die Schwe-

ster, grüß deinen Vater; auf Wiedersehen – wir sehen uns ja wieder. Ein letztes Lächeln, ein letzter Händedruck, ein letzter Blick auf jene, die dich im Leben begleitet haben. Ein letzter Seufzer, und eine letzte Träne rollt über dein Gesicht.
Und doch wird es wie eine Überraschung kommen. Und doch weißt du bis zum Ende nicht, daß es schon soweit ist.

10 SUCHT. Sage nicht, du seist fortschrittlich. Sage auch nicht, du seist nicht fortschrittlich. Sage nicht, du seist konservativ. Noch, du seist nicht konservativ. Sage nicht, du seist ein Intellektueller. Sage nicht, du seist ein Fachmann.
Sage nicht, daß alles, was früher war, gut war. Sage auch nicht, daß alles, was es früher gab, schlecht war. Sage nicht, daß alles, was neu ist, gut sei. Noch sage, daß alles Neue schlecht sei.
Warum verknöcherst du? Sei frei. Immer offen, frisch, vorbereitet. Hab keine Angst, man könnte dich sonst leicht umwerfen, fertigmachen, vernichten. Hab überhaupt vor nichts Angst.

11 SONDERN ERLÖSE UNS VON DEM BÖSEN. Wir brauchen keine Angst zu haben vor dem Tod. Er wird bedeuten, daß wir ein weiteres Mal die Angst um das eigene Leben, um die eigene Zukunft überschreiten.

Ein weiteres Mal die Sorge um die eigene Bequemlichkeit. Daß wir ein weiteres Mal über uns hinausgehen, wie wir es bei jeder Selbstüberwindung, jeder selbstlosen Hilfe, jedem Engagement für einen anderen Menschen oder für die Gesellschaft, bei jeder ehrlichen Arbeit tun. Er wird ein weiterer Schritt sein zur Liebe.

WANDELT, SOLANGE IHR DAS LICHT HABT. Solange 12
du geschmeidige Hände hast, solange die Füße dich tragen, solange du logisch denken, solange du dich für etwas begeistern kannst...
Denn später wird eine Zeit kommen, da wirst du dazu nicht imstande sein, auch wenn du es wolltest. Denn später kann eine Zeit kommen, da kannst du es nicht einmal mehr wollen. Und es bleibt dir nur die Angst um die Erhaltung deines kümmerlichen Daseins.

EUER VATER IM HIMMEL. Noch ein Stück Brot, ein 13
Schluck Wasser, ein Herzschlag. Noch ein Tag, eine Nacht, schönes Wetter, Regen, ein Windhauch, eine Schneeflocke.
Noch eine Freude, Trauer, Ermüdung, eine Erholung, Güte, eine Unannehmlichkeit, eine Begeisterung, eine Enttäuschung, eine Freude, eine Einsamkeit.
Wie danken?

14 Zu einer Stunde, wo ihr es nicht vermutet. Das ist nicht die Zeit, zu sterben: im Frühjahr, wenn alles um dich herum grün ist.
Das ist nicht die Zeit, zu sterben, wenn du in der Fülle deiner schöpferischen Kräfte bist – im Sommer deines Lebens.
Das ist nicht die Zeit, zu sterben, wenn du dich endlich an den Früchten deiner Arbeit freuen kannst.
Ist es die Zeit zu sterben?

15 Deine Tage. Danach wird Stille sein. Und die Kühle der Asche. Aber jetzt brennst du noch. Sprühst Feuer. Leuchtest und schießt Feuerwerke von Funken ab. Manchmal wirst du etwas still, um dann wieder aufzublitzen. Du vermittelst Wärme. Man versammelt sich bei dir. Man schaut auf das Wunder deiner Persönlichkeit. Man wärmt sich daran die Hände. Oft wissen sie nicht, ob es sich dabei um Liebe oder Leidenschaft, um Mut oder Eitelkeit, um Güte oder Angst handelt. Aber du selber mußt es wissen. Du mußt dir immerfort die Frage stellen: Was brennt in dir? Mut oder Eitelkeit, Liebe oder Leidenschaft, Güte oder Angst?
Denn bald wirst du erlöschen. Dann wird er kommen und in deiner Asche suchen, ob etwas von deinem Leben geblieben ist.

ZU JENER ZEIT. Übrig bleiben werden von dir nur ein paar abgetretene Schuhe, ein wenig getragene Kleidung, irgendwelche Rechnungen, Aufzeichnungen, die zu lesen niemand Lust hat. Jemand wird auf all das schauen und sagen: „Nun, von dem ist nicht viel geblieben." 16
Aber wenn du so auf das „wenige" schaust, das von einem dir nahen Menschen geblieben ist, dann weißt du, daß es so nicht stimmt: daß er vielmehr vor Gott so dasteht, wie er von Tag zu Tag sein Leben lang geworden ist.

WAS IMMER IHR EINEM DIESER MEINER GERINGSTEN BRÜDER GETAN HABT. Dort wird man dich nicht fragen, ob du getauft warst, ob du eine Soutane getragen hast oder ein Ordenskleid, einen Rollkragenpullover oder eine Krawatte, ob du einen Meister- oder Doktortitel hattest, ob dir die Schlüssel des Staates oder der Wohnung anvertraut waren. Dort wird man dich fragen, ob du ein Mensch warst. 17

EUER HERZ SEI NICHT ÄNGSTLICH. Du mußt das Holzkreuz auf dem Friedhof ein wenig zurechtrükken, denn es steht schief; du mußt die Sträucher beschneiden und die Erde auflockern. Im kommenden Jahr stellst du vielleicht einen Stein auf, die Erde muß sich erst setzen. Jetzt pflanzt du zunächst einmal zwei Chrysanthemen. 18

Und dann läßt du die Hände sinken. Was soll das alles? Wird das für den Verstorbenen eine Klammer sein, die den Kreis seines Lebens schließt? Du kanntest ihn. Erinnerst dich an seine Worte, seine Gedanken, Absichten und Pläne. Der Tod schlug unverhofft zu und zerriß alles.
Du gehst über den Friedhof. Von Zeit zu Zeit triffst du auf Namen, die dir bekannt sind. Du denkst an jene Menschen, die fortgegangen sind. Junge Menschen, alte Menschen.
Am einfachsten ist vielleicht der Tod eines kleinen Kindes. Es weiß noch nichts. Es hat noch nicht vermocht, etwas innig lieb zu gewinnen. Je mehr Jahre vergehen, um so mehr erkennt der Mensch seine Möglichkeiten, ganze Welten öffnen sich vor ihm, und er beginnt seine Aufgabe zu verstehen. Und dann muß er gehen.
Kann das menschliche Leben vollendet werden ohne das ewige Leben?

19 DIE DER HERR BEI SEINER ANKUNFT WACHEND FINDET. Wir stehen vor ihren Gräbern, legen Kränze und Blumen nieder, zünden Kerzen an. Wir schauen auf ihr Leben, mit dem unser eigenes verbunden war – auf ihre Freuden, Sorgen, Stunden der Betrübnis; auf ihre Arbeiten, Erfolge, Geistesflüge, Fehler, Irrungen, Zusammenbrüche. Aber jetzt ist schon Stille. Sie haben ihren Lauf vollendet. Wir brauchen nicht mehr um sie zu zittern, uns zu sorgen und zu

quälen. Sie sind in der Hand des barmherzigen Vaters.
Wir gehen fort von ihren Gräbern, beruhigt um sie, doch immer unruhiger um uns selber und unsere Nächsten.

ICH WERDE EUCH NICHT ALS WAISEN ZURÜCKLASSEN. Häufig erscheinen mir im Traum verstorbene Angehörige: meine Mutter, der Vater, der Bruder. Zuweilen sind sie traurig, zuweilen fröhlich. Sie sagen etwas. Ich erwache – und noch immer höre ich ihre Stimmen. Manchmal hinterlassen sie ein Gefühl der Ruhe, manchmal ein Grauen. 20
Unsere Angehörigen sind uns nahe. Wieviel intensiver als zuvor ist ihre Gegenwart. Denn sie sind nicht nur hier oder dort: Jetzt sind sie immer mit uns.
Wir besuchen ihre Gräber, legen Blumen darauf nieder, zünden Kerzen an – Zeichen unseres Gedenkens, unserer Dankbarkeit und Liebe. Aber das wahre Zeichen der Erinnerung, der Dankbarkeit, der Liebe kann nur unser tägliches Leben sein – das sich vor ihren Augen abspielt.

WENN DAS KORN ABER STIRBT. Nein, suche nicht das Leid – keine Niederlagen, Mißerfolge, Demütigungen. Bete nicht um sie. Aber wisse, daß ihr Vorhandensein in deinem Leben etwas Normales, ja so- 21

gar Unentbehrliches ist. Zugegeben, während du leidest, bist du nicht imstande, dies zu sagen. Dann ist nur das Leid da. Obwohl selbst dann tief in deinem Bewußtsein die Überzeugung sein muß, daß das so richtig ist. – Denn erst wenn du auf Widerstand stößt, stellst du dich zum Kampf.
Die größte Versuchung, die dir droht, besteht darin, ruhig durchs Leben zu gehen. Und weder anzuecken bei denen links noch bei denen rechts, weder bei denen oben noch bei denen unten, weder bei denen in der Nähe noch bei denen in der Ferne. Wenn du zweimal lebtest, könntest du es dir noch erlauben, ein Leben gemächlich zu verbringen. Aber du lebst nur einmal. Und nur einmal hast du die Chance, alles in der Wahrheit zu beurteilen, alles zu sagen, was du denkst, ja zu sagen und nein zu sagen, alles zu tun, was du willst – ein Mensch zu werden. Nur einmal hast du eine solche Chance.

22 ES IST VOLLBRACHT. Und wenn es an dir sein wird, am Kreuz zu sterben? Zu sterben in dem Bewußtsein, daß du nicht zu Geld gekommen bist, daß du dir keinen Posten ergattert, keinen Namen gemacht hast? Und wenn es an dir sein wird, am Kreuz zu sterben: in Einsamkeit und Verlassenheit?
Was für ein Leben wirst du für verspielt, vergeudet, verloren ansehen? Was willst du, worum geht es dir im Leben, was gilt dir als wertvoll, woran liegt dir? Such eine Antwort, bevor es an dir ist, am Kreuz zu sterben.

NIMM DEINE HAND UND LEGE SIE IN MEINE SEITE. 23
Wir bringen in jene andere Welt nur unser Kreuz mit: den ständigen Kampf darum, aus unserem Egoismus, unserer Gleichgültigkeit, Trägheit und Angst auszubrechen.
In jene andere Welt kann uns nur unser Kreuz hinüberbringen.

WENN EINER MIR NACHFOLGEN WILL. Über deinem 24
Grab wird ein Kreuz stehen. Wird es der treffendste Ausdruck deines Lebens sein? Oder nur Zufall? Oder ein Mißverständnis?
Noch ist deine Zeit. Noch lebst du. Noch fragt man dich, noch antwortest du, noch triffst du Entscheidungen, noch stehst du vor deinen beruflichen Pflichten, noch begegnest du deinen Feinden. Ist das Kreuz der treffendste Ausdruck dieses Lebens?

NOCH HEUTE WIRST DU MIT MIR IM PARADIES SEIN. 25
Sage dir, daß du so leben willst, als wäre dies dein letztes Lebensjahr. Nein, nicht: „als ob". Sage dir: das ist dein letztes Lebensjahr. Und wenn du vielleicht am Ende dieses Jahres mit gewisser Genugtuung zu mir sagst – vielleicht aber nicht mehr zu mir: „Es war doch nicht mein letztes Lebensjahr", dann hast du nichts verloren. Denn man kann nur dann wahrhaft leben, wenn man seinem Leben letzte Di-

mensionen gibt. Nur dann kann man richtig entscheiden, arbeiten, sprechen, denken. Denn vielleicht ist das wahrhaft das letzte Jahr deines Lebens.

26 LASS DIE TOTEN IHRE TOTEN BEGRABEN. Ich möchte dir in der letzten Nacht des Jahres wünschen, daß du – ganz gleich, wieviel Jahre du zählst – nicht alt seist. Daß du weder an den Festen noch an den Werktagen deine Orden und Auszeichnungen hervorkramst, daß du dich nicht aufblähst in der Erinnerung an alte Zeiten, an frühere schöne Tage, an schöne Jahre, daß du deine Gottesgaben nicht verwässerst bei Kaffeekränzchen, beim Nacherzählen von Gerüchten, beim Ausrechnen, wer wieviel verdient und wie es wem geht.
Ich möchte dir wünschen, du glaubtest, daß noch nicht alles von dir gesagt ist, du glaubtest – du wie auch ich –, daß man sich eilen muß, denn noch liegt alles vor uns – unser Leben und unser Tod – und unsere Erlösung.

27 WER AN MICH GLAUBT. Wenn es auf der Welt ein Wasser des Lebens gäbe, wir gingen zu ihm durch sieben Flüsse, über sieben Berge, durch sieben Wälder und sieben Meere. Wenn wir das Wasser des Lebens bekommen könnten, kein Opfer, keine Anstrengung, kein Preis wäre zu groß, als daß wir ihn

nicht zahlten. Wenn uns jemand das Wasser des Lebens verspräche, es gäbe keinen, dem wir dankbarer wären. Wasser des Lebens. Das ewige Leben.

WIR VERKÜNDEN EUCH EINE GROSSE FREUDE. Verkündete man dir wirklich eine große Freude? Freust du dich darüber, daß du an Jesus geglaubt hast, daß du ein Christ bist? Empfingst du den Glauben wie ein wertvolles Geschenk? Ist er für dich wie ein gefundener Schatz, wie die kostbarste Perle? Bist du glücklich? 28

DIE IHREN HERRN ERWARTEN. Wie soll man leben zwischen Himmel und Erde? Wozu kämpfen um jeden Atemzug, um jeden folgenden Herzschlag, wenn uns doch das ewige Leben erwartet? Wozu das aufbauen, was zerstört werden wird? Wozu das anhäufen, was zerstreut wird? Wozu sich niederlassen, wenn es doch gleich nötig sein wird, aufzustehen und fortzugehen? 29
Wie soll man leben zwischen Erde und Ewigkeit? Welche Spielregeln soll man finden im Kampf um jede Stunde unseres Lebens? Denn schließlich muß man doch aufbauen, auch wenn es zerstört wird; muß man doch sammeln, auch wenn es später zerstreut wird, Nur, laß dich nicht bequem nieder, denn es wird bald nötig sein, aufzustehen und fortzugehen.

30 WELCHER DIE FÜNF TALENTE BEKOMMEN HATTE. Das Spiel ist aus. Zähl die Karten. Wie hast du abgeschnitten? Rechne nach. Wie waren die vergangenen Monate? Schwierig? Hast du viel gearbeitet? Viel erreicht? Vielleicht hast es du nur gerade durchgestanden, bist nur so hindurchgewischt. Und jetzt, wenn du zurückschaust, siehst du nur irgend etwas Verschwommenes.

Aber die Karten sind schon wieder verteilt. Das Spiel beginnt. Du weißt nicht, was du während des Spiels noch hinzubekommst. Aber du bist allein beim Spiel. Verstehst du dich besser darauf als in den vergangenen Monaten? Bist du klug geworden durch deine Schlappen, deine Niederlagen – deine Erfolge, Leistungen? Weißt du bereits, worum es im Leben geht?